林祖藻 主編

明清科考墨卷集

第二十三冊

卷六十七 卷六十八 卷六十九

蘭臺出版社

第二十三冊　卷六十七

孟子曰拱把　一節

王澍

愛身若弗思所以養亦異于愛物者矣夫愛身與愛桐梓其輕重當必有分矣乃弗思所以養之豈爲能愛其身者哉

必從正意起妙與題○兩映帶○

且夫人之身孰甘

京評先輩恐○與題

聽其與草木同腐也乎乃不甘聽其與草木同腐而卒至無以成其材而不悟何其悖也今天下亦安有不愛其身者哉顧何以愛之是在養而已矣何以養之是在思其所以養而已矣思之而後可以知所養思之而後所以養其愛獨憐今之用愛者養桐梓必極其愛護之方而養其身反怨其毀傷亦事人皆謂其愛身不若桐梓也吾直謂其不知所以養而已矣惟其不知所以養其身故不知所以愛其

身亦惟其不思所以愛其身故不知所以養其身不以仁義為灌溉
寸閒語妙
不以道德為栽培是自撥其本也本既撥矣而耳目口体不已皆為
原批若涛
委形也乎真体盡亡委形安附徒見其宜頑不靈而已矣是所與養
要寫出若撥彌使素人矣　操法來而
桐梓者撥其本而日視其滋長也而知之何弗思一況復有私欲以蝕
賊之有邪說以矯揉之是更傷其心也心既傷矣而身体髮膚不已
世俗一流
脊為虛器也乎天真盡喪虛器何有徒見其脊亂紛紜而已矣是何
異養桐梓者傷其心而日望其繁榮也而知之何弗思一雖声色貨利
說若出方來不知所以養
其所以培養之者亦未嘗不至然其所以培養之者正其所以推折
原評然大過
之者也養桐梓而日修飾其枝葉則所傷必多養身而日縱肆其嗜

戀則所損實甚何者為其慶以摧折其天也而如之何弗思即收視
反聽其所以保護之者亦未嘗不周然其保護之愈久者正其戕賊
愈至者也養桐梓而不能令其成材雖久無用養身而不能至于
成德雖久亦虛何者為其早已戕賊其性也而如之何非思吾頤養
深批至此方明點首句神味只覺躍然
身者思之思之毋令養拱把之桐梓者從旁竊笑其愚也
成竹在胸縱筆直追所見有兔起鶻落之勢而神理極醒針線極
密即使慶曆先輩見之亦應頫首通篇發不知所以四字獨到
是謂善于相題 原批
發不知所以四字已兩對則得民又無一處不關會養桐梓意

今科小題十集 小孟

本科三題十二卷　小盡

識中神味無窮盤旋以膈肥膩滿為佳聽遜斟琢鵠也君語辛

鑄局圖繁琢作古勁品格也高崇莊峩峭天半

拱把之桐梓　一章　方棨如

身有所以養者，觀物而可思矣。夫人寔有身，而竟不思所以養也，彼欲桐梓之生者何為耶。且以人與物之相遠而無所至極也，而設為之説曰：是其生也不過一草木之無知，其卒也亦將與草木而同腐，則竊然而不服者盈天下。夫人即不知類，亦何至夷而與物等哉。而其自視也，又不幸往往類是，不寧唯是，抑不若甚焉。而獨不見夫拱把之桐梓乎。今夫自有桐梓來，而其生于天也久矣。然而人不以是為天之所生也，而聽之。夫聽天之生以為生，則必有不生者矣。是故受之以養，而其養之也，既已物土之宜而布之

從上章不若人領起不若稍曰

倖

則又桐其陰陽時其燥濕忌其雜也而鋤其非種而去之惧其偃
蹇而矯也而遲之又久以愛桑而饜飫之如此乎醒其有所以養之
者嗚呼吾聞養入化樹之說得養生焉而何今之養生者弗知也五官
百骸賅而存焉其決之則悲矣飲食語男女工大欲存焉其順之則喜
矣養如是止矣知亦如是止矣夫知其養而不知其所以養是將
使養桐梓者日鹵莽之滅裂之披其枝而傷其心仆其膏以撓其
本甚且芟夷蘊崇之以絕其根而猶望桐梓之得全其天年以條
暢茂也然而必無是桐梓則亦必無是養桐梓者而至于身則不百折以鉤之
然嗚呼彼直愛其身不桐梓若耶今夫人之有身也菀焉而處乎

參列乎父乾母坤之位。蕭然而高寄仔肩乎往聖來學之傳。今即

下一俏妙

無論此而視其五官百骸。則既賅而存矣。桐梓然乎哉。問以飲食

敘

男女。則既大有欲矣。桐梓然乎哉。此即以愛桐梓者愛之君子猶

同不類。而況并此之不若。彼將有迷罔之疾。而顛倒失持以出于

全神注射

此。即鳴呼是亦弗思而已矣。思之則知之。知之則愛之。愛之則養

之。養之而乃以生之。夫養之而乃以生之。則是不知所以養之者

之必不能生之也。吾懼其身之果不桐梓若也。

題語故為曲折三致。文乃與之宛轉。閒生如渾脫之舞。瀏漓頓

挫。獨出冠時也。　胡學舍

集粹齋

勢如河決東注。而波瀾索洄故不負丁寧反覆語妙　華務原

拱把之

拱把之桐 一節

杜光先

知愛身者必養身、雖為弗思者道也、夫身之可愛、孰與桐梓重、而無奈其昔于不知也、何以知之而養之、尚其思之、且以人之生而超然異于群生也、群生既生、此生仍聽乎天、惟人一生、此生即聽乎己、盡其所以不虧其生而為全受全歸之地者、固自有道、而正匪伊朝夕之故也、然而斯説也、祇可為知者道也、今夫天地之間、動觀有萬生者、孰不知其當生、愛者孰不知其當愛、養者孰不知其當養、即知桐梓而僅一拱把、其欲生之而知養之也、寧待再思、快哉、顧吾獨怪其知之明于小而暗于大、乃至于身而反不知養

（明語驚切）（冷艷簡絕）（偷法閒鋭一齊打通）（一氣揭過手喻深有旁古法）

之遂失其所以生而甘為不自愛之甚者也何也、人自愛中以來一身之
聰明才力厥賦維均故於其聰明且將燭照于無外而何有一身之
即鼓其才力且將曲成于不遺而何況一身之而無如聰明能自蔽
矣因之才力不自庸矣明明有其身之所謂養者而實無遺鑒抑
且錮蔽特甚焉明明有其身之待直養者而僻然不顧抑且戕賊
倍深焉其不知所以養之也一似愛之斷不若桐梓皆然而豈惜
也哉推其故亦緣乎不知耳而何以不知其亦非思而已矣夫思
之為體也虛而善入若之何于其身而轉雜思之為用也感而遂
從思字倒捲全題字字入細
通若之何于其身而多塞而吾終望其思之尚其思身之可愛尚

脫

其思身之當養尚其思身之能養而乃以全其愛因以全其生尚其思身之不養而無以全其愛即無以全其生縱使暫留其生而生理已息亦祇為幸免之生久不若拱把桐梓之苟得其養而猶得以全其生豈不惜哉然則思之而知所以養之當若何是惟格物窮理以清其源懲忿窒慾以防其流居仁由義以植其根盡性知命以歸其極然後使人之生而超然異于群生者斯快然無憾也歟

警絕快絕

補出養生實[illegible]又其[illegible][illegible][illegible]緒

至下身三字最為吃緊思正從此思之也說得淋漓痛快隨路轉下提入源委文至此真無間然矣 陸容齋

今文短式　孟子

孟子直欲人自愛其身以養之耳養之則生不養則失其生々

字亦最是眼目却不説當如何養只以知字思字作冷呼熱喚

文擬其筋脈化出文瀾令人不可捉摹奇變極矣

排把之　桂

拱把之桐梓　之者

福建李學院歲試福清縣一名　李雲錦

觀養之在物者盡人而知之矣夫桐梓雖美養之亦宜在所緩耳[illegible]欲生之則必養之而人之知之者已如此身以人之於物竊竊然計所以生也斯人之於物殷殷然謀所以養也非必物之盡出於至美也蓋即物之幾美無美而人之美之偏至則亦以其心之明覌之於所美之物而已即以桐梓論即以拱把之桐梓論凡物本自無常而苟予以材之所甚美則謀之者必至桐梓其小者耳然而吾之所謂小未必非人之所謂大也人其如此桐梓何也人情雖愚至愚而苟中以心之所甚喜則護之者必周桐梓而拱把其輕焉耳然而吾之

所見輕未必非人之所見重也吾又其如斯人何也而不見其欲生之乎而不見其必養之乎物不能有質而無氣何也質本乎氣而氣又以全其質也人於桐梓既知其質之美則必求其氣之完雖欣欣向榮桐梓原具夫生生之機而人之養之者方且為之培其根方且為之溉其葉人情即不一乎而調護之恐傷者彼此如一轍也物不能有形而無性何也形載乎性而性定以牢其形也人於桐梓既知其形之良則必求其性之遂雖鬱乎菁葉桐梓畢具夫生生之理而人之養之者方且日求其發榮方且日求其滋長人心即各殊乎而尚企之如餘者後先如一致已見徵特養有未至自歉其養之未善

也仰令以方以養而滋之拱把者已有根實枝茂之一日而自視猶歛焉謂我之於桐梓相須實多也而豈以或暴或寒留餘於致力之地文微論養之偶及或慮其養之未盡也即令養無不全而斯之拱把者無復摧殘屈抑之一時而自顧猶疑焉謂我之於桐梓情尚未摯也而豈以忽消忽長淡漠於相遇之間蓋心專則討必熟智悉則謀必精人有固然無足怪者乃至於身而不知所以養之抑獨何也

虛題實做精透沉着前輩惟正希先生有此力量　原評

凡比興題只在晴影不宜現照文借氣質形性發揄可見得晴影法而末二比推深一層可代養桐梓者原情獨不可代不養身者

[孟子曰] 拱把之桐梓　之者（孟子）　李雲錦

孟子曰拱把　甚也

江南謝宗師歲入江陰縣學十名　吳乾

愛身不如養物人當思其輕重矣夫人之身非桐梓之可比也乃愛身不如養物是何弗思之甚耶且人受天地之中以生則至貴者莫如人即至重者莫如身人苟能善保其身而無失其所以生之理則

清夜一聲鐘

己知所重而神明之用自日起而有功也吾嘗反覆於人情朋用之殊熟察乎學者輕重之異竊嘆世之惘惘而不知所思者誠多也何則人莫不有身即莫不自愛其身也既自愛其身則必思所以養其身既思所以養其身則必舉凡身外之物而皆不足以攖其慮吾曰思其身之所由來而全受全歸為仁為義者此身也思其身之所由

成而踐形復性希聖希賢者此身也奈之何明於小而昧於大重乎
按：點次手法極淨
物而輕乎身至於桐梓之不若也等亦可怪矣且夫拱把之桐梓也
之無用者也生之亦可不生之亦可而栽培之力者若等於軀命之
桐閱〻而人之有身體之有用者也養之則萬物備於當躬不養之
將桐梓與身兩〻上下相形緊對十分
則幾希失於一旦而牿亡之甚者直等於無知之草木然則謂之愛
桐梓乎愛身乎吾恐人亦有所難解也夫至於難解而人且諉其咎
於不知罨乎知在後也思在先也吾求其故非弗思之咎而誰咎耶
天下大小之形當前立見而人每習焉而罔覺誠能返身自問而恍
備出工夫修久二字方有著落更妙在閑冷斧
然於吾身之為大則禦德莫如滋去惡必務盡而從容涵養之下豈

孟子曰拱把 甚也（孟子） 吳乾

[illegible]醒題氣

至此美質於凡材天下輕重之分熟觀即得而人每安焉而自誤誠能撫身自悔而惕然於吾身之爲重則過欲不使其支嗜樂無等於清苗而日新月異之餘不啻抉發禁於萌櫱蓋惟其思之也切故無倒置之虞惟其愛之也深乃免倖生之誚苟爲不然身亦猶是身也而生之理已息矣從令旁觀者俯察物類之微進求學問之力而慨然與嘆曰物猶如此人何以堪也悲夫

片安心罪露

清徹不染纖塵 高虎文

正論爽爲氣體高超立言若惜之若怪之更極得與醒之旨令人清夜驚心何必溫公圓枕 方山

拱把之桐梓　　余廷烈

意不專在物者、與言物而可以繄已夫桐梓一物也、然且如拱把何乎、君子曰、是可於此時觀桐梓嘗思天下之物有一望而見其成材者矣○即有一望而亦為成材者也○其成材者無論也○其未成材者○成與否尚莫能必矣夫物而至莫可必此其權誠非出於所能操而物卒亦可聽之自然者後之物類蓋往往而有也今之盍天地之間惟萬物、物之有桐梓其小焉者也而吾蓋嘗取而計之嶧陽在望也考禹貢而徵所產豈其盡挺然獨立者乎可知草木漸包要群若尺有所短寸有所長以樸諸厥木維喬之中楚宮如

故也升彼墟而覽嘉植又豈晝翦然特出者乎可知榛栗同歌亦
自有得尺則尺得寸則寸以寄諸美哉始基之際吾用是與言桐
梓而不能不感於拱把之時也萬物之質本乎天顧予之以質而
使桐得其為桐梓得其為梓者天為之予之以質而使桐不[illegible]於
拱梓不僅於把者天不能為之也是桐梓之質雖定而為拱為把
猶然其未定也彼夫形能蔽日獨標百尺之枝材可干霄直挺于
尋之幹者其為桐梓抑何其根深而寔茂乎而要其在拱把時者
亦祇自任夫雷動風散日暄雨潤之化上而已矣萬物之性成於
地然畀之以性而使桐如其為桐梓如其為梓者地主之畀之以

性而使桐不害其為拱梓不害其為把者地不能主之也（天地二義恰為二字寫照）是拱把之性未全而為桐為梓依然其未全也彼人蓁蓁萋萋披拂岡陵之境蔥蔥蔚蔚映帶平林之原者其為桐梓柳何其繼長而增高乎而要其由拱把來者亦祇自聽夫剛柔燥濕肥磽高下之土宜（應地生之）而已矣所可慮者歲月之涵濡未深雨露之滋潤未久雖去而有（斬次通下後想箇中）此拱把轉思托根微薄直同委於荒榛斷梗之場而何有於松何有於梓甚可嘆者鳳欲棲而幹殊弱上則庭而枝方柔雖幸而有此桐梓轉恐稟質未成亦見屏於長林豐草之傍而何重夫拱何重夫把哉乃欲生之者皆知所以養之矣而拱把之桐梓竟卒能

相與以有成也。夫桐梓其小者也。

玉樹臨風。天然俊秀。可以撲去塵埃數斗。董眉峰

不呆既本位。眼光四射。頓宕生姿。下文數層已躍躍到秋毫巔。

附考 月令季春桐始華。顏師古曰桐謂為通。言草木皆通達而生也。梓楸也。詩衛風。椅桐梓漆爰伐琴瑟。

附釋 嶧陽 禹貢嶧陽孤桐 楚言 見詩定之方中焉

拱把之桐　一章　沈世晉

養身異於養物、大賢以弗思醒之焉、夫身之當愛、視桐梓宜何如者、而養之反不桐梓若也、則非不愛之故、寔不思之故耳、謂夫人自藐然中處、而身以具焉、此固非天下之物所得起而相衡者也、乃物不得與人衡、而人之顛倒繆戾者、處物甚晳而處已偏昏、因不解之惑、成不情之舉、吾甚惜汶汶者、悼喪以終身而覺焉不早也、今夫人之有所養、其必由于有所愛也明矣、情動於所不思惜、則惜之甚至、必規萬全以相預、調護維持、而植根孔固、務生意之常充、意注于所不能釋、則珍之有加、且極百計以相周、思患預防

筆勢如此龍翔中層折俱

得勢得局

而有基勿壞恒憾操之恐及即如拱把之桐梓乎材雖甚美依然
一木之微而意所偶鍾不憚十年之計其有所以養也其知之也（羅ゝ清疎）
其知所以養也其愛之也而況夫係於人爲甚切畀於天而獨優
五官四體寔該皇命之原一髮一膚亦受歸全之責瞬息難寬其（如雲如霧洶湧而至）
臨履百年莫懈其防維如身之當養者哉而人每養之不桐梓若
焉何也最堪異者斯人轉徙之情例以所明而忽奪養桐梓之成（妙甚）
效雖微精而用之何難于方寸培敷榮之質乃不植將落者寓形
大幾空自抱陰陽血氣之軀轉不若草木無知猶得以振秀抽條（奇論作金石聲）
儆我日新之光景最足惜者生人智巧之用導以所宜而忽昧養

桐梓之餘明猶在提而照焉自克於幾希蘖萌蘖之生乃不扶難
有者我材有用空付之磨滅消零之數反不若蒿植紛披猶得
春華秋實享人無限之栽培是果愛身不桐梓之哉噫嘻吾知之
氣局宏敞
矣大抵人情當陷溺之餘則輕重倒置私欲纏錮蔽之久則厚薄
失倫必有以除其害也而後可以全其養嗜好紛華俗情之所謂
酣適君子之所謂斧斤以不養者為養幾何元氣之不日即消亡
也而大愚不靈猶視為操術之甚智是直以披枝傷心者為桐梓
筆外有神寓生神手
之封殖也人奚不啞然自笑也必有以蘖厥良也而後可以順厥
養藏修游息庸衆之所謂桎梏賢聖之所謂滋培以失養者為養

安見生理之不日就殘闕也而彼昏不知猶恃爲藏身之甚固是直以撥本害枝者翼桐梓之茂美也人奚不爽然自失也弗思甚也嗟嗟人即甚愚詎甘自外其肢體人雖自褻亦欲克護其神形苟一隙之有靈即迷途其未遠思之思之庶幾真養而無害歟

陽葉春青陰條秋綠筆筆將桐梓夾寫正旨益復逬透此真鳴屋萬選青錢

拱把之桐梓　一章　　周振采

以物與身較、而不知養者亦愚矣、夫身之重、原非桐梓可比、而獨不知所以養焉、人何弗之思耶、且人有所愛而不忍失所愛焉斯有養有所養而必得其所以養焉斯為愛〻之中有其尤愛者則養之中人有其尤當善養者吾為人反覆思之而不能不詳其所為之倒置也（不倒不他）夫人之有身重矣等而下之物其次焉者耳人之愛其身亦甚矣推而及之愛物特其餘焉者耳乃吾由人所愛觀之雖桐梓乎雖拱把之桐梓乎猶且斤〻焉驗其榮枯多其保護益（勒住）（思字作綫）愛之則欲其生〻之則求其養勢固如此人之於身也誠反求乎

周白溪四書文　　五十

提起下四比

天人本末之故而養之之責以明誠詳審乎利害損益之真而養之之權以定獨奈何以不知自斂也視聽食息非以畢生人之務

朔賓雜勘

而所以盡其事者當別有補救之微權苟消長一聽其自然則雖

仍不照上半截妙

萌蘖潛滋而誰為庇廕也四肢百體皆吾人塊然之質而所以植其命者獨有此幾希之可珍苟本實既隣于顛撥則雖枝葉未害而能無衰謝也害吾身者不在吾身之外此有所招彼有所附則見以為與生俱有者而不知無形之蟊賊乃誤與之相習而不離蓋吾身者又偏若在吾身之外逶迴以求之勞苦而得之則見以為非吾生所固有者而不知有用之膏沃乃甘與之相持而不入

夫其愛身之意未必不遠勝桐梓而所以養其身者實萬〻不及焉斯何倒置若此哉蓋弗思以故而其人亦遂已矣嗟乎可危可懼凜然呈于當境而弗思者長此悠忽之情逾日逾時勤惰何堪自核而弗思者不勝寬假之念豈此身之重真不得同于草木乎吾不知其感而動焉否也

此題易落機鋒以切實擅場是作家真實力量　儲在雲

幽攢螢擾〻忽以雄雞一聲破之　方文輈

游絲一葉獨裊晴空而鼺力極大有十步九折之妙　梁丹五

前後枝葉扶疎中幅老幹樣枒干霄蔽日豈復榆枋小蟲可擬

孟子曰拱　一章　長蘅

金廷濬

即物以喻身，而知所養有專屬焉矣。夫桐梓一物耳，非身比也，乃養身者反不若焉，則不思之甚矣。人可不思所處哉？且人有身，皆曰吾有以養之耳。夫人而有以養其身已，吾固樂與之言養焉。人而有以察其身也，吾正欲與之端所養。試思之，天之生人，予之以身，身之所係顧不重乎哉？古今有綱常，而以身任之；聖賢有名教，而以身育之。爭千古不爭一日，爲宇宙留道義之正者，身也；事遠大不事近小，爲學術存絕續之統者，身也。修之爲天家之幹，失之將與草木同枯矣；守之爲王國之楨，喪之不獲向候也。而榮矣身也，而可不知所以養之

　安徽姚學院科、池州府八名

古文出落

哉。顧嘗見世之養桐梓者矣。愛之猶至。生之蓋髮膚無不知所以養之者。至于身而不知所以養之。何欲培植之道不立。則蔽焉不知養之於覩聞未見之時。而上天降衷之恒。以藝潤澤之功不動。則緜焉不知養之於事物方接之際。而聖賢期待之躬以聲。是何與養於杞之桐梓。大相懸殊也哉。夫養桐梓。愛桐梓也。不養身。愛身於若桐梓也。

神來

噫。愛身不若桐梓哉。彼昏不知。則舉帝天眼難命賦之意。無以挽其中心之間隙。一隔焉罔覺。將極聖賢啟發鄭重之心。難以冀其畢生之悔悟。一非思耳也。不知殊甚。誠能思綱常以身任。而非若桐梓之輕

肆想入化

俱披露快焉東京家正智神龍將見首出沒無端

也。思名教以身肩。而非若桐梓之細也。思道義之正以身留絕續之

紳以身存物非若桐梓之區區一物也必且愛之養之而不失其生生之理矣而如之何勿思

思清筆健氣足詞圓妙年有此定非池中物也以正命畏友向纔係轉明騎長君潤高才名英發久久為學中推服此其仲子也十齡入泮今又讀其文以正欲與蔡巳也

法制門

孟子曰拱把　甚也　　三名　侯聯申

大賢為不知養者惜而歸其咎於思焉甚矣身之當養非桐梓比何竟不知愛而失所養也惕以弗思而人其憬然乎若謂人有身而心具焉以心宰身而即以心其一穌之交相為命者宜不待再討決矣乃自有身而暴棄之亟不得下同於微物其所情倒置而寘心不覺者是不欲有其身也而已先不自有其心矣今夫人之有身豈非所當戀愛而養焉而不俟徐徐而後知哉物欲梏人心之萎無以除之則滋蔓而難圖故窮理以為芟柝居敬以為封殖原不欲吾身自甘消落將漸蕪其根荄理義者人情之田

無以之則荒蕪而不治或修禮以為耕耨陳義以為播種本不使吾身自即飄搖者下儕於樗散況其養之宜有同心耳而得其所以養之之道乃不虛所以愛之之心此允有志所學皆知也而獨不觀于桐梓乎觀於拱把之桐梓乎豈其高龍陛之前入望嘉蔭而婆娑乃我之方憐浩瀚於雨露滋培之外轉曲為芳風猶亦並同鳳羽之千尋經朝陽而蔥蔚乃邀人一盼遂等於輪囷奇抱之材獨深固其根柢夫夫也豈其一無所知者哉正惟知之斯以愛之惟其愛之乃以養之彼桐梓何幸而得此乎雖然亦曾濯假吾身否負萬物之靈中風塵而特立微論于朝楨幹克齊梁棟

也求即徒老空山亦自來匠氏之選徑寸之靈明未泯也宜何如顧惜以周旋昧百年之計隨草木以同枯無論旦晝斧斤不勝多（此此真寫得痛快）端之戕賊即幾希偶露亦莫禦無象之牛羊一縱之天光猶在也而竟爾剝落以終身吁觀於身之不知君子是以通養樹之道得養生焉而斯人備用於世而反昧於此也則其術窮矣王者求其故而不得而舉而歸之於思（結思精甚）

反映生姿極賦手文心之妙　原批

筆筆生辣筆筆激昂圓軟庸熟家望而却步

墨卷　大醇　二百三　湖北

孟子曰拱　侯

明清科考墨卷集

第二十三冊　卷六十七

拱把之桐　之者　　姚黄甲

身之所賴于養也爲即知養者以相形焉夫桐梓一物耳而人之
知養也且然身之視桐梓何如奈之何而不知所養乎今夫養之
爲用大矣哉養者存而失養者亡養者長而失養者消凡物類然
而無如人之明于彼而闇于此者何也夫天下大矣所生之類亦
衆矣而獨有處乎萬物之中與萬物偕生不與萬物俱朽者此非
有以養之不至此而要之難與不知者道也雖然夫人而一無所

如拱飛仙往来

知乎哉不見夫桐耶梓耶不見夫桐梓之拱耶把耶人而苟欲生
之其能無待于養之者乎夫誠不忍以材之美而棄置之也夫將

宫撫臺觀風與化府學四名

宮撫臺觀風典化府學四名

羅錦川試藝

欲取而大用之也夫亦念天之篤生是物而必欲以人事全之也有是哉人之無不知所養哉而獨不曰所養之有急于桐梓乎吾獨不曰所養之有大于拱把之桐梓乎則孰有如身乎夫人各有（如騖生馬）身而或則直而生或則罔而生豈其身之較然別哉顧所以養之者何如耳誠知所以養之而根柢之以仁義培植之以道德灌溉之以詩書無矯而揉之以失其性無助而長之以驟其成此真能（揉從自然）不失其所養者也而試問知此者其誰耶彼其紛惑憧擾之下皆若以此身為已有大迷者且終其身而不悟也亦惟是以為而壯（映帶雅致）壯厲而往憤憤乎以不材自終而已矣一放逸暇豫之餘遂[illegible][illegible]

身爲不相屬大藏者且終其身而不觧也亦惟是饑焉而食而嬉敖敖乎與草木同盡而已矣噫彼固知養桐梓人也至于身而竟不知所以養之乎夫身與桐梓有閒矣縱使什百其養桐梓者以養身猶恐身之失所養也奚至使其身不得與桐梓並哉然桐梓以得養而成其爲桐梓身以失養而虛存其身身乃真不得與桐梓並矣謂之不愛身也亦宜

若上下兩〻開說縱極刻畫殊失題情然近日解慶曆法者亦能互相映帶而意不精警筆不靈活腕不圓溜徒拾一二腔子以爲上下有情者恐彼此亦更相笑也以蒙莊之筆寫程朱之

理八手一段虛籠下意而畧不傷觸有勢無痕用筆之妙尤不可思議

拱把之　姚

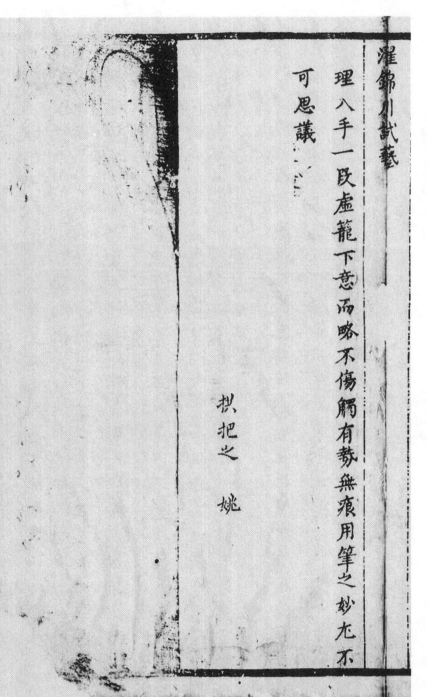

拱把之桐　一節　　秦道然

人有身而不知養大賢即物以儆之焉夫人孰不愛其身哉而不思其所以生遂不知其所以養則謂其愛之不若桐梓也亦宜孟子若謂吾竊憐世人之營營而不已者無非為其身計而寔于身無與也非特無與而已且洞其生之理而不知憂失其養之道而不知省彼以為愛其身寔甚吾以為并不若愛桐梓何則天下之物皆相養以為生而斯人之情尤愛生而惡死此豈待智者而後知哉今試語人（卯徐知字）曰爾不自愛其身而人不信也謂吾欲其生而所以養之者靡所不至也（取思字）然亦思逸樂晏安果吾身之所以生乎被服飲食果吾身之所

秦維生真穎

以養乎持此以奉身果即所以愛吾身者乎今夫桐梓至賤也拱把至微也苟有生之之心即知養之之道試一自顧其身果能若此耶否耶盡栽培之道以使之向榮而外此更無他術此僅可施于無知之類而不可以繁萬物皆備之身抑順陰陽之宜以遂其生植而不逆其所本然此即可通于萬物之靈何以獨明于草木群生之物蓋身之生也不奇作桐梓觀則其所以養也不可與桐梓較而人于養之之道有明于彼而昧于此者似乎愛身不若桐梓也嗚呼豈其果不若歟一旦求之于身也思所以養之之則思所以脩之蓋存常有行得于最初盡之則生不盡則不生亦如桐梓之以灌以溉也人思之乎

抑古人之于身也語所以養之即思所以誠之蓋一息百年莫非理寔則有物而全其生不寔則無物而失其生亦猶桐梓之以榮悴歟也人思之乎苟不以桐梓視其身以桐梓之養養其身庶幾得其所養而生之理為不失哉

將思字知字反覆挑唱題肯便爾躍然此最善警發人。汪武曹

拱把之

牟其鶴

拱把之桐梓　一章

庚午江南四十二名　徐恕

即養物以例養身太賢為弗思者惕也蓋身與桐梓輕重較然乃養物則知養身則不知蓋予故以弗思微之且天生人而付以物則之身固立乎萬物之上者也豈復有物焉可與衡其輕重哉然而陷溺之餘不惕之所易免終無以救其沉迷則援物以立對鏡之形而身之維繫愈重即人之自棄其身者其故蓋不可倖何則提秀靈于皇降官骸手足代工不代撥保護之權有日用斯有經綸有行習斯有事業試為之靜觀默照知痌瘝斷無可諉之斧斤司總迷于貌躬視聽貌言同氣不能共栽培之職有百體斯有知

能有五常斯有名義試為之察証微茫知暴棄斷無可分之罪過
今夫理以借鑑而明事以參觀而決一則盍即拱把之桐梓例乎夫
安頓有法
桐梓之不若于身明矣乃嘉植紛披要資灌溉而謀十年之樹且
自壅勿剪勿伐之思至于身其重于桐梓甚矣顧幾希相近坐致
淪亡而受萬感之攻猶自安焉剝相戕之內所知若彼所不知若
此養與不養此豈有異愛哉何昧昧若斯也斯人之一膚一髮皆
擡高身字提議卓如山立
與日星河嶽同分乾坤絪縕之靈惟不自恕其神明斯障蔽潛消
方寸無常甘之不肖乃日夜中之絕削接而時生則作睿之體盡
漓斯厚薄之形交亂德留此頑然悍然之質日馳騖于拔枝撥本之

場試舉養物之明樹其形以內照當亦何以自文也而頤乃淺滿
流溢而莫知所極吾人之血氣心知即與陰騭降衷胥有呼吸維
持之謂惟不自曠其職守斯思泰可致清夜有難奪之精神乃自
而霧露落
用開之戕賊久而益甚則有覺之良盡喪斯虛靈之用無樁揍奉
戢
心怵日難須否亦……
此式飲式食之軀日接恢丁旦晝梏亡之地苟即養物之禁擾其
察以相織當亦何以自解也而頤分消移轆轉而莫知所持一此無
補此五
他非思致也是惟力矯其所明而本仁以聚陳義以種以思為內
三省
轉之鍵斯惟患微心氣偶不染事物之害堅制其所溺而講學以
轉修禮以耕以思之自勝之符斯植基固本官器皆成輔相之材

慎心集　洪肥之

夫而後吾身常伸于萬物之上不得以桐梓相絜矣是之謂能養是之謂能思

涉一懈筆便失孟夫子當頭棒喝本旨義吐光芒詞成燕頷英思健筆出之適以廖古體

孟子曰拱把　甚也　一名　梁景陽

大賢於不知養身者、欲其即所知以自思焉、夫身之可愛、豈直桐
梓、彼不知養者、亦何弗、重自思乎、且人得天之賦而有身、此即之
心所由用也、顧僅與外物較短長焉、其入已頑而無所用至用者
心而不復權所當、反於所當用者有遺用焉、則其弊必不止於[illegible]
所用者等識者為之直究其微、而感曰、謬矣、大人必明於吾身輕
重、知其有而可少、棄物而後不挨、蔑物以小物之、梧人心寧乎
外物之極、知其有無、庸分愛者而後、不予一身以薄梧之功即知
桐梓微物也、拱把桐梓、以之又從者也、人苟知之、[illegible]想、即今

得中直入

墨卷大醇　孟　書二三　湖

愛之詎必養之然苟欲生之則知所以養之者且人皆然也豈人心之動也動則畢致之欲〻之則愛之矣故桐梓之生不自而生於人心之一欲是人心之明也明則觸於知〻之則得簡以養之矣故桐梓之養不自養而養於人心之有知夫人自知靜之情則以測節之微情亦皆欲有以自息以有大可用之力自此一綫之餘萌於似盡可以相通而又何疑於身乎而又何疑于養身乎且夫身豈藉榔梅比錢鑄造物之菁英具大成之形體理道植其根也仁義娛芸寔也禮樂文章達其幹而枝其葉也人而不知養桐梓斯已耳人而猶知養桐梓也至於身而其所以養之

寧獨勝心乎將見存養可以為栽培克治可以為變割理義可以為灌溉詩書名象可以為落寔而敷榮由是而根心由是而生色由是而暢遂於四肢由是而發皇於百體其三養之寔則愛之者以愛之惟其知之而要非思焉不為功今夫思之大可用也久矣人苟思之則知即不患其不愛人苟知之則養即不患其不濟然者豈不愛身哉豈愛身不若桐梓哉獨是身與桐梓輕重相去也養身養桐梓緩急至辨也愛身愛桐梓不切更甚明也不養者何有知有不知也其亦弗思之甚也夫觀於愛桐梓而知其生之已在觀于養桐梓而猶幸其知之可弘人誠轉所欲以用之於

○四人庶幾尚有厚望也夫○

抓櫛靈敏有分風碎流之妙 原批

因題布置機暢神流有帆隨湘轉之妙

溢子曰拱　梁

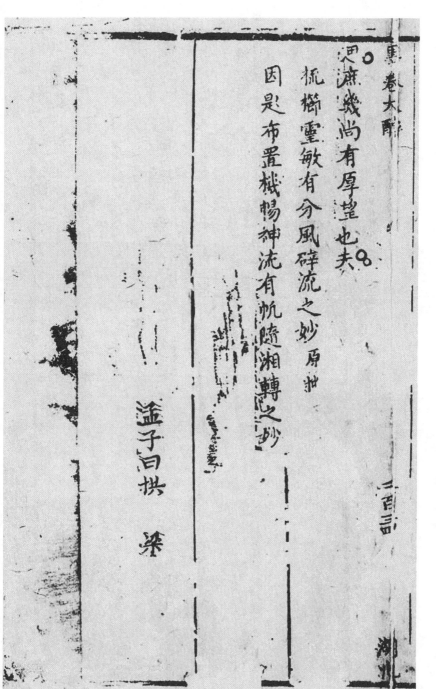

拱把之桐梓　一章

庚午江南　梅戭　元

愛身不若愛物之明、為不忍者惕焉、夫人而槩不知所養、則己耳、
乃不知養身者即知養桐梓者也如之何弗思且人苟未明乎情
與力之所宜用則罔焉莫辨者類然也亦何暇貴以重輕之顛倒
分風穿水
乎哉乃即其所明不遺乎一物而究其所昧忽置乎吾躬則情與
大力家數
力之用正未嘗不明而其罔焉莫辨者甚矣今夫人也者萬物
之靈而身也者萬事之樞斯固超乎物之上而天下之物俱不得
光福[illegible]命
而爭焉者也則其貴有以養之者豈待思而得哉雖然天下事不
所清所以解狀
患其不知養而患不知所以養也分量之相懸誰能盡味而明以

當境而忽奪則雖有至切之圖或淡然而不關於心計較之意見
徐物所以
誰能遂忘而識以備藏而易淆則雖有至要之務或恝然而漫不
合人不失敵殺
加意夫使其竟不知所養則已耳乃知所養者即拱把之桐梓而
已然而於身而獨不知焉意湛矣人即自棄亦何甘遜於物類之
切不美
微因其所明而返觀即是歷幾羞惡之心因是非之心而較殆乃
養物則有餘養身則不足百年與之徒隨消長於陰陽反不若植
不失貌寫
物之微猶有向榮之一日人即自戕何至甘處於草木之腐即其
所通而轉移在我歷幾成身之思視成物之思而更篤乃養物則
神來處然
有智養身則無心今古遙遙祇聽榮枯於造化反不若無知之物

循深珍惜於無窮置愛身不若桐梓哉其亦弗思之甚矣置桐梓於此而曰是與身孰重固不必熟計兼權而始知其非類然而人情至不可測矣身有恒性身有常經即令撫躬自忖亦自知人道之常仰而當前之缺陷則忘之愛桐梓之故智依然也彼獨何心也哉置吾身於此而曰是與桐梓孰親亦不必權衡輕重而始覺其不倫然而人情亦至不可知矣以天地之中而有此身以聖賢之後而有此身即令返躬自審亦自知我身之可貴而無躬之疚悔則置之愛桐梓之餘明未忘也彼果無心者哉噫世之人其思之否乎

筆情柔鮮

以下字有得中發以分有分定

四大句神理

近科鄉會墨繹　孟子

身守養字說得親切桐梓夾寫不落小樣喚醒瞶瞶何減暮鼓

晨鐘[illegible]

拱把之桐梓　一章

庚午江南　梅　戭元

愛身不若愛物之明、為不愚者惕焉、夫人而槩不知所養則已耳、乃不知養身者、即知養桐梓者也、如之何弗思且人苟未明乎情與力之所宜用則罔焉莫辨者類然也亦何暇責以重輕之顛倒乎哉乃即其所明不遺乎一物（分鳳磚水）而究其所昧恝置乎吾躬則情與力之用正未嘗不明而其罔焉莫辨者愈甚矣今夫人也者萬物（大方家數）之靈而身也者萬事之樞斯固超乎物之上而天下之物俱不得（先揭出一層）而爭焉者也則其貴有以養之者豈待思而得哉雖然天下事不（折清所以）患其不知養而患不知所以養也分量之相懸誰能盡昧而明以

墨卷　孟子

墨𥓓

當境而忽奪則雖有至切之圖或漠然而不關於心計較之意見
誰能遽忘而識以偏蔽而易淆則雖有至要之務或恝然而漫不
加意夫使其竟不知所養則已耳乃知所養者即拱把之桐梓而
金以逆跌取勢
已然而於身而獨不知焉噫異矣一人即自棄亦何甘遜于物類之
沕寞
微因其所明而返觀即是庶幾羞惡之心因是非之心而較廹乃
養物則有餘養身則不足百年鼎鼎徒隨消長于陰陽反不若植
物之微猶有向榮之一旦人即自戕何至甘處于草木之腐即其
所通而轉移在我庶幾成身之思視成物之思而更篤乃養物則
神味盎然
有智養身則無心今古遙遙祗聽榮枯于造化反不若無知之物

孟子

猶深珍惜于無窮豈愛身不若桐梓哉其亦弗思之甚矣置桐梓于此而曰是與身孰重固不必熟計熟權而始知其非類然而人情至不可測矣身有恒性身有常經即令撫躬自忖亦自知人道之常伸而當前之缺陷則忘之愛桐梓之故智依然也彼獨何心也哉（筆情飛舞）置吾身于此而曰是與桐梓孰親亦不必權衡輕重而始覺其不倫然而人情亦至不可知矣以天地之中而有此身以聖賢之後而有此身即令返躬自審亦自知我身之可貴而無窮之疚悔則置之愛桐梓之餘明未忘也彼果無心者哉噫世之人其思之否乎

鑄局既渾成。持論亦正大。此是孟夫子維持人道。喚醒俗迷。何等關係。一落比較映合。便屬小家伎倆。局段零星。亦徒見章法破碎耳。張恪仲

含咀得數虛字之精。而遺其粕。意入圜中。神流象外。學養兼到。純然粹然。汪宗㬎

拱把之　梅

拱把之桐梓　一節　　唐冠賢

大賢慨不知養身者，即養物而惕之以思焉。夫身豈有桐梓比哉，而知養與不知養異者，非不愛也，弗思而已矣。若以吾竊怪今之人，知其所不必知，而於所當知者反昧焉，固蔽也。蓋其所知者不過一物之微，而其所不知者反在根本切要之處，苟於此一懸衡焉，而輕重固已瞭如矣。然而今之人且弗思也。今試進而詰之曰：爾愛其身乎？曰：然。爾亦愛桐梓乎？曰：然。豈其愛身者若愛桐梓乎？則必不以為然。爾愛身竟不若愛桐梓乎？則更不以為然。意彼之人為愛桐梓不啻其身矣，果若是，宜必知所以養身而不知所以養桐梓焉然後可令民有桐梓踐拱把焉已耳尋常愛之鄭重護之生之則必養之栽而植焉不令其傾也護而滋焉不欲其傷焉所以養之者亦甚詳且悉矣謂之不知其誰信焉至於身其所以養之者豈遂無其道哉至於身之內者為虛靈之府必使之至公無私而後培其根者厚且終身之外者皆□充之符必至於睟面盎背而後達其枝者榮如是以養之詩為愛身者所必知之矣而乃儕口體之奉縱耳目之欲日置其身於摧殘剝落之中而固吾之為此養者凡以愛吾身也豈其視愛桐梓者若乎不若乎且夫人雖至愚未有視其身桐梓之不若者令彼伏而思焉則知仁智

正之身。且足庇賴乎一世。奚啻桐梓。禮備樂和之身日修肖然於

王制矣。當拱把之桐梓。乃於彼也。勿剪勿敗。徵材則於大用。養之

而必欲其生於此也。骨瘦肉減。官骸盡属萎形。雖生而不異於死

知不知。若是遠者。亦弗思之甚也。豈其不若桐梓哉。夫桐梓之

養人猶知之。而於身反不知所以養。豈但人之一致患也。

信筆直書。不用裝擒。而婉轉歸宿。而頓挫而盤旋之中無斂

不入。看去全不著力。是大神力。 許丹

拱把之桐梓　一節　　庚午江南張　煥

知養物而不知養身、其本心猶未盡失也夫身自有所以養之者、乃愛之竟桐梓之不若豈失其本心而然哉君子曰是亦弗思之甚耳孟子謂吾論求放心而以指為喻猶就一身而權其所重也（承上章以還起本章筆）

（酣墨飽）

乃若人物懸殊不徒大小參差之別而性情一致偏昧內外彼此之分其心蓋已淆是非之真而其故殊令人反覆而不可解今夫造物之生材也良楛異質美惡殊形獨於人賦以秀靈之稟畀以為善之資并其所為推類以及其餘者亦莫不啟其明聰使之灌（二千山萬壑赴荊門）溉栽培凡物之美且良者因得與人並植於天下然則人之身顧

不重哉而柰何人盡惘惘然但知物有美質而不知已有美質也但知物有良材而不知已有良材也即如桐梓乎雖樹木者所甚寶貴而以視之人之身大有間矣夠其為拱把之微也其生與否姑置之何有何無之數進謀所養匪廹於式飲式食之躬夫其桐致美乎令儀梓材與思乎樸斵亦借二者以勉厥勸脩夫豈賤人而貴物乎是故有桐梓而不知養焉者吾無責耳矣謂其原未識養之之術也若既識養之之術則地無無棄材人亦無棄質疏之剔之其判理欲之介乎封之殖之其立進德之基乎根之茂者其實遂養道固然亦何足異無如人終惘惘然也問之以桐梓與身孰

一氣旋折

字字清出

妙解

還所以養着落

貴必曰身貴矣問之以桐梓與身奚愛必曰愛身矣夫身固非桐梓所可比究之人知養桐梓而不知養身豈身獨無所以養之者在哉愛桐梓而欲生之者此身也欲生之而困及所以養之者亦此身也動靜云為何非官骸為因應寄情玩物皆由形體以旁推誠愛之必求養之欲養之必求所以養之乃惘惘寃如斯也此無他嗜慾之私汨於中耳目之感眩於外心失其職未嘗一衡量而深長思之也

歸根星宿

搔頭天外望

信筆直書兼有歐王神境至通首不拈煞思字特留下二章地步尤為獨得題解　張恪仲

思字似屬全題之轄奈按下兩章方是思字寔面則扼要處正是侵占處斯文如題起伏于上兩章来脈下兩章去路都能會到固從平日爛熟書理得來 汪宗彝

絕不將題目裝頭做脚而篇中語妙曲折傳出至其古筆古情老氣無敵則已浸淫于八家矣 汪章夔

拱把之 張

拱把之桐梓 一章

庚午江南 馮孝言

愛身而昧所養可即物以牖其思焉夫人苟即身以思則不特之愛而且知養矣身欲其生曷弗即桐梓為鑒哉嘗嘆斯人盡有生而義等於無生也夫人之生甚於愛成於養其殷然克副所欲而炯然不昧所知者尤必濬之以思乃可善全其生而尊於物不友

捐○清大旨

人之於身也愛之必欲生之愛非養猶不愛也顧亦知所以養之者乎有良田者必治而為非種者不鋤縱勤灌溉無益耳夫勿戕

整○練

其生斯生之氣長焉修禮以耕之講學以耨之有所去斯有所溢養乃克期有濟膏山沐者雨露而戕萌蘖者斧斤縱事栽培無益

○提○此○正○論○推○闡○先○後○發○所○以○養○之○

耳夫慎々其生斯生之理固焉陳義以種之本仁以聚之不見益亦不見損養豈徒蹈虛名乎夫是之謂知所以養而養樹之說固即可通於養身也然而人之所以養桐梓者則既已知之矣今夫人（絡○題○着○有○與○數）情即物理而可驗迷途因覺悟而可開彼拱把之桐梓何與一身而此身之貴重何啻桐梓乃謂桐梓不知養則人必不服謂欲生之誠愛之也嗟々推愛物以愛身君子已謂其妄況乎其知所養者至於身而忽昧也哉靈臺原夙具耳啟其明而牖其迷道在受（重○發未句）之以思々者知之通以齎也夫物生必稱不植則深將落之虞衡吾身於桐梓與例以例其弗即通類以類其情惟弗思焉斯詔之々

而亦憯知已於物何欣於身何憎一心若出兩人蓋局中之瞀亂
甚也奚自廻以旁觀之惺惕哉保護有同情耳舍其泛而圖其切
[空字神情]
道在誠之以思思者知之沉而摯也夫人生最靈自荒則多蕪穢
之雜較此身於桐梓等其等而輕重明即權所權而緩急見惟弗
思焉且詷為解人可索矣愛非獨餘於物養寔不足於身護已適
以喪已蓋旦晝之繆迷甚也奚自澄以清夜之反觀哉蓋元氣孕
[精卓]
則物產滋精理含則人命立思身所以生而養之道過半也人非
暴棄當幡然而勵踐形之修根蒂固則枝葉不彫道氣凝斯官骸
[東比仍著眼所以前後相應]
不敝思身所以永其生而愛之道始全耳人自昏愚乃靡然而同

草木之腐。人各有身。奈何其弗思也。
題中字字不放鬆。是能手細密處。以瑩湛之筆。發清真之理。可
謂毫髮無遺憾。彼瀰獨老成。

歲入候官縣學第四名　羅景陽

孟子曰拱把　甚也

知物而不知身可醒之以思焉夫桐梓知養而身反否即以養々而（范不知其所謂）使之思身庶幾自乎曰人一策心于嚴密之區而物與人之理遂（須掩卷思其出路）警夫思愈至則愈靈我即善思何能警人物之理哉蓋理非遙即當身而已足昧非深即一已而未明人謂之思不至也吾直謂未之或思凡天下事之以重較重輕較輕也其情難見如以身較物（虛領）（反）輕重之情不待思而可得而予獨詠今之人之不我置也進今之人而貴之以不知必曰予非我安知我之不知之養也知愛也知之（醒轉隨跌）有身也知有物之欲生之也亦幾無可以置辨雖然有知矣其於

身也。此身為不易有之身。知此身為不可稍失之身則養之重非若廣漠之野無用之散材也非若山林之內有用無用任其枉材不材間也肩何傷不謂其儼然有知之身也而竟弗思反此而甘于愛身不若桐梓也彼安知彼所謂知之非知乎安知彼所謂知非我之所謂知乎彼亦弗思彼安思彼所知養之不知養乎安思彼所謂知養即我之所謂不知養乎奚容弗思噫此不知思愛身之散人也亦何知養無用之散木使知其養之大則必曰根之厚者枝必揚所以培其本也返而思之則亦曰有諸中者而後形於外所以復乎性也所養之得何莫非思乃如之人奚不思此焚

戕思其所思而嘆其所愛之甚輕也轉使我愛其所愛而怪其所
思之全昧也苟其思之則拱把可與身等乎桐梓可與身比美乎
人之所生豈止如桐梓之生乎盡人知養則盡人知身人欲弗思
甚矣

昔人論書法云歐多折顏多轉折須提轉須遒此文轉折闊全
是一圓腕力非若鈍漢偶襲南華一二句調便謂謂作法記甚
也。

曲曲深深。使我長今曲徑通幽處禪房花木深之句。王罕皆
影影自義無不出腕下有力無不入與美可傳夫何憾于子書。

創著綜、精裁

○日學子者。大都剽竊一二。奇字陰句以駭觀聽。此于子所謂文勦文妖。正子書之蟊賊也先生在閩屏除不遺餘力。獨存此矯然出技之文。以著子書真面目。迴瀾障川先生之用心亦良苦矣。吳方來

孟子曰 羅

拱把之桐梓

江蘇張學院科入蘇州府學二名　嚴源

借端於木其細已甚矣夫桐梓木之美者也然不過木焉而已如
僅以拱把稱乎孟子引之以相驗也曰今有種之美者於此是其
之所舉相珍惜舉相護持者也然必俟其植之深根之固而後其
健拔不群
美始足以自見于天下不然質之所限一望無餘雖有真種其如
從下意引入
渺焉者之無足數何天下之物有貴者即有賤者有大者即有小
者吾試以桐梓論今夫歌辟王者興思棫樸頌美人才瞻望榛苓
蒲盧喻政化之行松柏著後凋之節意草木雖微有與吾躬得失
相關者耶而吾勿具論第謂夫產於朝陽者桐耶作[illegible]造宮者梓

耶其惜之者不將指嘉樹以無忘耶其護持之者不且頎名材而勿毀耶而亦有不必其珍而惜護而持者何也門以拱為拱把也嗟乎頎蔬弱質豈曰不材而攬彼柔條傷其薄植于是為梓慮且為桐梓危貢諸天府比重球琳產自名區取調琴桐梓之為用也大矣夫渠以雨露空谷風霜老其材以成常澤滄天河嘗或斬其施乃依桐其側不克與楨榦同稱抱區區之質幾無殊于方寸也吾是以撫桐梓而躊躇也剪桐而戲弱弟就封取梓名材寡兄作誥桐梓之為物也重矣夫繼長增高跂柯易葉不異時奇也亦豈或失其敏乃盱衡其際攀條而矚瞻縈挾渺

頭雅以取之字上之神

以文情點宕

小之姿為未遠於萌芽也吾是以念桐梓而盤桓也雖曰合抱之
材始于徑寸令拱把者而發榮滋長寧非異日之蔽日干霄而十
其朽于拱把也是足可躡而絕手可攀而拔也嗟一掬之不盈詘（悠韵絕佳）
謂有成材之望即曰輪囷之質起于萌蘖令拱把者而暢茂條達
詎非他時之百尺千尋而當其局于拱把也是匠石之所不顧牧
豎之所易戕也歟一握之已盡誰為俟大木之求夫以掘之不停
拱把世或為桐梓惜謂渺然之質不足以誇美也桐梓哉以拱加
掎也然以拱把者在桐梓世轉以拱把幸謂良材雖得烏可以（婉古脫）
棄也拱把又以桐梓重也于是人亦有起而養之者

近科考卷雅潤二集　九六　孟子

吐屬爾雅希蹤。玉茗風流　程蓀倫

目送至于身一層反逼人苟欲生之二句點綴雅贍運掉輕靈

張雲中

孟子曰許子必種粟　易之　玉茗集　林星衢

身有不能兼者、誰詰焉而難掩其實矣、夫種粟之許子、而衣與冠釜甑與鐵、則必以粟易之焉、謂非相之難掩其實哉、且倡並耕之說者、彼固未計一身之服食器用、未可以身兼之也、惟舉其身所不能兼者、究詰焉而抉其藏、且使其身所不能兼者反覆焉而輸其情、迨至欲人為兼而卒不能自兼、然後嘆並耕者亦第始終於耕而已、許行以並耕責滕君、意蓋欲滕君之種粟而後食也、夫滕君果可種粟而後食、則必種粟者舉粟之外皆可自為而不必相易也、且皆自為而不至相害也、何居乎許行第孳孳焉種粟而食也、而孟子遂有以詰陳相矣、夫畎畝耰鐵編紙本業許行而種粟也則養生攸賴原非越分之謀然田疇作息服用孔繁許行而第種粟也則擇術雖專奚辭兼營之說夫使種粟者許子而衣冠自織者亦許子則許子固可以並耕責滕君且使種粟者許子而釜甑與鐵自為者亦許子則許子仍可以並耕責滕君乃若衣冠若釜甑若鐵許子之所然即孟子之所然而相亦然之若自織若自為孟子之所否即許子之所否而相亦否之一若恐其相害而必出於相易也者一若恐其不相易而即至於相害也者嗟嗟許行非創為並耕者哉胡亦相汲汲然猶慮及此蓋天下惟有易之一法而有無乃可相通以陳相錮蔽日深一叩其日用所資而措詞乎難立異知易之為利昧其理者難昧其情天下惟有害之一途而託業乃

難兼任。以陳相沈迷日久。而語以百為獨攬。則流弊尚解豫防。知害、之所存。闇於人者非闇於己。不然。許行、、以並耕責滕君者哉。民相非信許行之責滕君者哉。乃所以為滕君也如彼。所以為許行也如此。所以述許行之責夫滕君也如彼。所以代許行以解夫孟子也如此。相乎相乎。抑何顛倒若斯乎。宜孟子更有以折之矣。

孟子曰許子必種粟　不自織　滙海集　黃之霖

先設端以相叩謀食者已[illegible]言織矣夫種粟而食孟子固明知
[illegible]然也迨詰以衣與冠而[illegible]易粟之說抑何難於自織哉令使
邏不可強通之說別求一說以勝之莫若就其身所需者舉數
端以[illegible]窮其說於養身者料其必然於章身者推其未然遂因
其說之[illegible]然或不然者窮詰之以何獨不然即此身所需之事
未嘗求其所難也而已糾其所短矣許子以並耕為說夫既耕
矣奚為治既治矣奚為耕是說也將使滕之君臣盡效捆屨織
席者為乎惜其不先自量也孟子曰吾還質之許子大人必有高
世絕俗之才而事習於熟操論始於乎創獲則因應不遺一格

即此返身各足宜無慮夫操作之煩人既有責實循名之見而業求其轉試問無待於更端縱擇術不容兩存何妨如分以償姑先試以養生之務種粟後食孟子固深知其然而欲因是以進窮其說也則試因粟而及於布口腹有飲食而身體無曳婁可乎意者粟可種布亦可織也而陳相適其辭曰衣褐則且由衣而及於冠被身有具而賁之無華可乎意者衣非布冠亦非布也而陳相申一說曰冠素假令許子於作息之餘兼親辟績之勞無復弁髦之棄則眾材獨擅自得矜天下未有之能而乃於彰施之具既藉供於司服亦有事於縫之則自治多疏未免啟局外滋疑之論衣也冠也許子何不自織而以粟易之也孟子曰是奚為哉是奚為哉向固疑業之難旁騖也人事無中立

執夫此必舍夫彼耳許子豈若是乎想夫操耒可籌于田為力穡之農夫即入室效縫裳之季女由是製余初服修短皆宜濯我清纓元黃無色玆奚為不自織也豈亦有欽手不逸者與貢賤期於無等而術業未有專營是則轉言焉而竊多未解者矣向亦謂職之貴區分也執業有專長取其長可畧其短耳許子豈如是乎想其勝任愉快耰鋤不辭南畝之勞即漚麻可賦東門之什將見衣裳楚楚自我改為則弁義我旁人待整玆奚為不自織也豈亦有自謝不敏者與竭自集於千夫而章不成於六職斯又進一叩焉而殊覺難明者矣孟子以奚為相詰固謂許子必種粟而食欲得陳相害耕之說也而並耕之說已窮矣

明清科考墨卷集

第二十三冊　卷六十七

舜之居深山之中　一章

元破

虞帝與善爲體無寂感一也夫舜居深山雖木石鹿豕將于善有遇也况見聞所及者哉且聖人之全體乎善不可意求者也吾不能至于聖人之地即安得窺其全體之所存則但觀寂感之際懸而想之而因以觀舜之居深山蓋天下不識不知之物皆有聖人之體而天下有情有識之事皆有聖人之心今夫深山中木石鹿豕野人之所居游也而舜之居游即在焉善言善行亦野人之聞見也而舜之聞見即在焉吾由其不聞不見者而得其與居與遊之素因即其與居與游者而觀其有聞有見之神想彼上下同

只淺看妙甚

渾捉然

取及其層折

（霞光雲亂月往雷樓眼境雖人會得）流之致木石麋豕皆等諸天載之無言隨地有以相值沛然莫禦（此從上截）

（想下截）（微妙有涵甚顧所到）之勢即此已宛然可參聞見何待乎山中人要自人人可解也舜

但解其所解即以此為于善莫禦焉已矣想彼天理流行之趣善

言善行亦不過如鳶魚之飛躍觸處皆相與于無心深山不異之（此從下截）

（想上截）真至此愈悠然可想居遊何擇乎山中人要自由之不知也舜但（妙）

知其所應知即以此為異于山中人已矣故知居遊亦意所不經

耳就此偶涉之境亦復何迹可尋但覺湛一之中容然無我而彼

（仍從上截想下截）野人之安作息順帝則者已投之而莫逆也則何莫非聞見之天

機也哉即聞見亦理所偶觸耳就此物交之際亦復無方可名但（妙）

見空洞之天，引而愈出，靜覺深山時之化，思為忘物我者正萬理之所居也。夫孰測其居遊之端倪也哉。嗟夫，聖人誠難言矣。吾于其由寂而感之一刻，曲折以求，亦但能于彷彿間得其幾希。又或意其若是而已。至其全體所存，有怳然焉耳，不能為之說也。

鹰小講

字字清出

深邃

風月無邊，庭草交翠，想爾時會心不在遠也。千友愁

色聲香味，無所不有，亦無所不化，此仙品也。不圖此題乃有此文。顧明虞

淺置題分而境愈深，誰解誰解。孫巨衡

前臺花發後臺見，上界鐘清下界聞，雅非好作羅紋，真是一了。

王翁林句心集　孟子　舜之居

舜之居深　幾希　朱林

大舜不自異于居游故不必以異見也夫人以異為異又或以不異為異舜俱無是也與居與游不可以思居深山之舜乎嘗思人之本體甚虛也叩其中而雜然出之則已滯于是岑寂之士創為空諸所有之說夫既已有空矣又得謂之非滯乎吾以為獨渾然者為難渾然者聖人之本體也如舜居深山之中可思焉深山何所有有木石焉有鹿豕焉彼野人之朝于斯夕于斯而與之居游非一日矣使舜必舍木石以求可與居者是一木石即足以累舜也何吾心中擾擾多木石也使舜必舍鹿豕以求可與游者是一

鹿豕足以累舜也何吾心中擾擾多鹿豕也今也出作入息寒耕
熱耘以為窮人則真窮人以為棄子則真棄子野人之目舜者皆
曰吾侶也彼野人也舜之自視者亦曰吾故野人也於天地之中
而有深山於深山之中而有木石鹿豕有野人入于機而視之無
非象外也無非環中也位置原寬舜不得而隘之也木石不期居
可泰
而居鹿豕不期游而游野人不期與而與居與游靜其懷以參之
無非絢爛也無非淡泊也動息原適舜不得而益之也如是而有
異于野人乎不識不知順帝之則舜之無異于野人者固實有其
佳境罕到
不隔之天特以野人不能不終異于舜而因得以迹舜之本異于

野人要難以逕庭論也惟幾希焉已耳此類彼類相與為類舜之大異于野人者亦祇以完其沕穆之真正由舜之所以終不失為（筆舌互用）野人而因得以憶舜之所以異于野人要難以決然定也或幾希焉已耳吾觀木石鹿豕與野人均之為物木石鹿豕無情者也野人無心而不能無情者也其所以異幾希也舜之異野人猶野人之異木石鹿豕也吾觀木石鹿豕與野人初無二本木石鹿豕有形氣而缺于性者也野人有性而無以貽其性者也其所以異又幾希也舜不能遽以性之異傲野人猶野人之不能徒以形氣傲木石鹿豕也如是而舜果異矣如是而舜果不異矣則無間無見

之故也○

孟子語本奇自須以奇懷寫之有奇獨賞對之太息　陳見復先生

時都公已歿故有獨賞之歎今對之又重歎也　見復先生再書

純是悟境到此四大皆空豈復拖泥帶水此為作者絕筆當非

偶然　王說巖

舜之居

孟子曰舜之居　一章　大題　全天叙

尚論虞帝得虞史之載焉、夫虞而能受聖心之所以為神也、不然豈
誠無以異野人哉、嘗謂天下惟沉于幾者能神于幾、故聖人不凝滯
于物者無他、其沉幾先物也、則舜尚矣、夫古今稱善與人同者惟舜（提○法）
耳、而當其深山是居也、豈所雜木石乎、屏鹿豕乎、而質〃然自異于（引○子○有○[illegible]）
野人者流哉、夫舜固不知自異、人亦不知其所以異也、吾迹其聡明
衍稟之先、而象其聞見俱融之後、則有善感一人、而江河莫禦者焉（沛○然○莫○禦○善心○滂沛透）
自外而投、若遽還中有之故物、而神自為動、天自為隨、豁然明暢矣
有〃知善在言行、而聞見在我矣、一自中而契、若遽遂其素所備待而

初　孟　蒙吾齋

初　孟　此來二句并狀也

細〻以出相觧以入油然順適矣有不愉耳目為已而言行為人乎

蓋江河所以為百谷王者善下也而決于蓄極則其下彌疾聖心所

以為萬善宗者善慮也而感于静極則其應彌神然後知其不罪野

含者乃所以協帝欽而舜弗可及已

文字要有力砍不斷底神氣神氣完則結構自然精密令人只是

信筆鋪張肥皮鈍肉而已矣蓋其養之薄神氣所以蕭索也刻

深處只一兩字一兩句便想眼着字〻刻句〻深所以鐵領之來

風氣皆變而子也苦極毫無指味亦是養薄

孟子曰舜之 一章

辛未會試 吳鴻

合勤靜以徵聖心之全而善之所蘊宏矣甚矣舜之善量不囿聞（翻）
見有而寔緣聞見發也舜亦猶是深山中人耳何異焉今將語至
（筆之八面向背具）
人神化根心之妙而萬備據夫意象所存則滯于迹而失也叩于
（驪龍得珠）
虛而亦失夫至人所以統司于寂感之交者固自有真宰焉儲于
穿謐之頃而達為幾遂之機真令人擬議焉而不足有如舜是已
今夫舜之心秪有善而已矣遑計夫涉歷之區與應感之迹哉而
（課虛無以責有叩寂寞以求音）
特難從居深山之時觀也何則寘心而空迎距之緣意境中豈無
結聚要以朕兆未萌則言思胥靜雖上哲亦與庸衆共安于晦默

墨卷懷心集

而無用為橐籥之自開寂處而葆虛靈之舍方寸中自具彌綸要
以外緣夫聾則泰宇胥澄雖神靈且與萬物各渾其機緘而絶不
見天倪之自動木石鹿豕一靜象也深山野人一真機也何者以
其為未聞未見候也夫一接于聞見豈復可意量哉兩儀訢合之
故其息深深聖心與大造其淵涵將任舉一節之偶投而納了虛
筆筆秀項大品皆達難顯之情
者直不啻源派畢彙也全神在抱揭府與以俱傾而旁觸交通遙
還其廣大清明之體蓋深山中之靜蘊久矣而茲乃曲暢焉萬竅
空靈之處其機潑潑聖心與萬象其流衍將隨舉一端之相感而
純于宗者直不啻會歸有極也本量所涵借緒餘為迫露而同條

共貫自寓其流動充滿之神蓋深山中之觀化深矣而茲乃大遠（神融意愜）（緻）
焉則夫善之境可不擇也祖述所陳遷拔大美之績舉懿行嘉言（六橫六無不如意）
哉欲散寄于天壤之內而及其摘發遂不覺善量之溢而呈且其
毀并不在多也稱名之細成歸集理之宏縱耳聞目見非必瑣移
其湛寂之神而及其會通要不禁善氣之融而注當是時舜之心（神到）
直周乎民彝物則之原渾乎同氣分形之界神開理順趣溢機流
吾何以擬之哉若決江河沛然莫之能禦而已矣蓋神明當沖澹（外文綺交內義脉注）
之餘而萬有胥捐莫克把真機于象外緣感有合同之妙而如響
斯應遂立徵鼓動于靈區聖人之善聖人之異也夫舜亦猶是深

墨卷愜心集。

孟子曰

吴

山中人而已矣。

閑庭夜月如積水空明水中藻荇交横則竹柏影也。文境之淵。

澂澄澈㢊哉似之。本房張望塈先生

體高方得勢理到自然。奇文如殿撰。殆由天授非人力也。廖古譚

舜之居深山之中　一節　　何忠相

聖人無異於人。聖人自異於人也。蓋舜猶是舜耳。自孟子形容之而異不異見焉。居深山。决江河。所謂善言德行也。意以聖人之心無思無為。寂然不動。感而遂通天下之故。非至神孰能與於斯。上觀千古。下觀千古。嗚呼舜哉。嘗試仰而高望。拳石之多。堄然焉已耳。忽瀀出雲。降雨。觸膚寸而被四野。其謂之何也。嘗試俯而臨深。止水之象。泖然焉已耳。忽瀀流盈溶。至注千里而貫九州。又何以云也。嗚呼。是足以觀舜矣。舜之居深山之中。居必有與。別無所為與也。漠〻者如彼木石。舜何擇焉。與居必有與遊。亦別無所徛與

絶○迹○易○無○行○地○難○

細〻

二山制義　孟子

也狉狉者如彼鹿豕舜何避焉維時空山寂歷萬境俱融此中未
始無舜也者野人萃處萬類冥合此中未始有舜也者不識不知
無聲無臭吾惡乎窺之而惡乎竟之及其一感而關機闔開莫指
一路澄泓涵地下乃開河流灌
狀其所以然矣何必多聞入而順者有如此一善言何必多見接
徒對
而生者有如此一善行畢通之地不遺間容忽已通四目四聰大
盤紆○酷肖及其下語勢
婦之愚與有知能即此是惟精惟一不疾而速不行而至竭乎六
合放乎四海茫乎其畔岸浴乎其津涯又惡乎禦之嗚呼夫非即
深山中之野人所得形以幾希之異者與太虛默運於無言之表
首尾不揭破　題項上光
澹與泊相遭而四時行焉而百物生焉蕩蕩乎無能名也夫太極

絪縕於化醇之先希與夸為界而鳶自飛焉而魚自躍焉洋洋乎

上下察也夫

出入日月天與地沓非此何以肖題　方朴山師

一片悟境虛空粉碎正是脚踏實地舊與作者劘切此事今已

證果去其何以處我也　王熙聞

題語妙絕形容寂感一原與善為體意分明說出却未嘗說出

撫山範水不欲一字鑿破神理觸動盪胸臆間道理無兩截

語勢有兩截上截色東味澹下截雷厲風飛但能肖題能事已

畢萬曆癸酉北墨暨近世韓慕廬王若林諸名作胥畫足失酒

蘂芳三

山在虛無縹緲間。南勳謂縹緲。却從沉着得來。沈蘭初

直是將題目引之使長。筆還筆。墨還墨。正希自以捺弘正前局

陣者也。朱潛夫

舜之居深 一節　　萬曆丁酉順天　徐光啓

聖帝之心惟虛而能通也夫深山之居舜之心無心也無心無所不通矣江河之決有自夫且夫心與心合善與善同達之天下本無隔（韓云只此心之善聖凡同體天下渾然）碍者也自知識之用起于有心于是自有其間見而天下之聞見始與我睽而不相入矣吾觀大舜之不可及也不在其用中之時而在其執中之日不從有為者窺其明目達聰之用而從無為者察其處邃洞朗之天即彼居深山之中而木石鹿豕之與俱也人以為幾希（韓云深山是很影甚好照過意發下妙）於野人耶吾以為幾希於野人者正舜之為舜耶凡人未能忘念則在在皆念起之端而舜方渾之洞乎其未有起也至静之時不立一

（即字[illegible]）

念乃可以轉天下之動者也凡人未能無意則時時皆意生之會而紛方冥之消乎其無所生也無物之衆不着一意乃可以待天下之

（承至善觀物說來[illegible]開然出 從待天下之動待天下）

有者也無可共聞亦無可執爲獨聞但以天下之善處合于不聞之

（[illegible]有影）

境而及其聞善也雖一隅而已融爲全體矣無可共見亦無可持爲獨見但以公共之善默存於不見之地而及其見善也雖幾微而已顯爲不測矣蓋因無有我并無有人而我與人相感發于深廣無端之內義善無大故人善無小而言與行悉會通乎圓轉不窮之中譬諸江河之決沛然莫禦而天下之一言一行皆足以鼓其機緘者乎

（以濬濟）

彼深山之不識不知尤所以開其障塞者乎若甫立開見則吾以吾

徃而来者莫之覺矣吾以善出而入者莫之遮矣又何妙應之前識

以妙悟領題隋股ゝ相生絶無痕迹一片光明文字 葉何初

聖人之心至虚至明渾然之中萬理畢具此上半節意也發得此

意透則所謂一有感觸其應甚速而無所不通者自氷解的破矣

此文所謂至静之時不立一念乃可以待天下之動天下之善虚

含于不聞不見之境發得萬理畢具意最透乃是爭上截法也

文室謂至静之時二股合發上下意肯為一篇之神令細玩之至

静之時不立一念乃可以待天下之動言此時動之理已具而尚

非動也即渾然之中萬物畢具之意也不過牢籠下截意在上截

慶曆文讀本新編　舜之居　徐　孟子

內終是說上截事未可云合發上下也○無可共聞共見亦無可執為獨聞獨見即至靜之時不立一念也天下之善蘊含于不聞不見之境即可以待天下之動也蓋上二股是牢籠下截意在上截內而此二股則從上截說到下截矣○

舜之居深山之中　章　　　　張珊

及○其○字○轉○關○之神　○于○無頓多○説

擬聖人於動靜之間可謂神矣。夫全體渾然者，聖人之靜也；大用無滞者，聖人之動也。其斯以為舜也與。且德不立于至極，則道所過而皆滞。故其静也，理不與心會，無以去内之憧憧；其動也，心不與理遭，無以成外之賁賁。天下大本大原之地，了徹于聖人之心，[illegible]可指則淵泉難窺，機有可觸則顛倒無涯，故陰陽有不測之化，聖人有不可知之境，其歸于神也一而已矣。我蓋思夫舜焉。今夫心在内而不二于外者也，為主而不為客者也。内待外而動，則良其背而不自私矣；主待客而應，則行無事而不用智矣。此天地

張顧嵓時文　　孟廿

生物之心藏于貞而發于元聖人得之以爲心者亦靜而存而動
而神（古文）窮居而野處恬淡而自如木石可居胡傷其無如鹿豕可遊
胡害其類異雖其氣象規模視彼野人正如苗莠朱紫之不同而
翕翕落落光明正大疏暢洞達矜張悉化大孝終身之慕結于心
（妙入至微）（動靜交界[illegible]得如許）
者象若忘天下不與之衷淡于外者神已寂如鏡之承有所照則
虛而已矣如衡之未有所加則平而已矣然而衆善之源百行之
（精透雖及雖及）（此句尤人所不能道）（而一字飛舞）
本固貞一而定于性而脉絡之分端緒之存已於而而管乎情萬
象中涵而精神本旺一善偶投而氣機自舞擬之以若決江河沛
然莫禦者誠可于聞一善言見一善行後驗之今夫人事之所優

嘗不能自禁于秉權之際。胸之所蓄。每不克自已于感觸之[illegible]于外之所入。適合性命之精。內之所迎。復得意氣之符。江河之蓄。決之斯沛。方寸之機。發之亦疾。芻蕘有獻。直瀰天而際地。市井微長。恍旋乾而轉坤。一端觸而萬端俱躍。哉取如少。而全力盡出。小者入而大者皆會。發領受微。而天機不淺。聖人之心胸甚闊。聖人

沛然莫禦已到周至于民上去了

之血氣至足。而深山之野人。亦圍其中而不知所以然者。其斯以為舜也與。嗟嗟。人各有心。心各有理。小即大。即罔知所覺。即知聖

說歸平淡更妙

人之靜存。即斯人日夜平旦之心而擴之也。深聖人之樂。吾即斯人秉懿好德之心而用之也。孤人奈何而不察也。

洗盡時蹊悠然神遇具收視返聽研精覃思下筆時或血鑿痕矣　陳燭門

滄海洶湧獨乘長風破萬里浪文家一大快事也要以理御氣章妥句適非浪作潑墨勢者比若越險不傾其安又何敢焉　紀庭輿

奇闢痛快此題絕頂之作道理爛熟聖人個處不曾認熟聖人縱講道理〻學老師恐直得腐臭爛不堪耳眼孔無芝麻粒子請得聖人那些〻着可憐可憐一笑　兄不淡

○○舜之居深　一節　　萬曆丁酉順天　陳一教

尚論聖心而得虛應之妙焉。蓋虛固善之府也。聖心之遠於應者非自居深山中來哉。孟子意曰：人見聖人之心光明而洞闢，（從下截說）以為無弗觸也，無弗應也，而不知其妙應之機，蓋不生於感而生於寂。夫舜蓋嘗居深山之中矣，蓋嘗木石之與居、鹿豕之與遊矣。木石無知也，而舜亦何知也；鹿豕無情也，而舜亦何情也。當是時，方且徑徑椽椽，不驚其處而亦不亂其群，方且凝然寂然，化其形骸而忘遺其耳目，吾安知野人之非舜也耶？舜之非野人也耶？及其聞一善言也，見一善行也，於不識不知之中而忽投一感，即已導其眾纖之源而逆不可過于何思何慮之際而忽觸一機則已迎其欲行之勢而速不及停夫言誠善亦淵涵中之鼓物而以其徵見者會其淵涵者自貫在而神行馬蓋耳若傾之而心若通之相遁以出而亦不自知出之所從也已夫行誠善亦停蓄中之素具而以其紛布者達其停蓄者自神動而天隨馬蓋目若迎之而心若赴之相觸以入而亦不自知入之何從也已其殆若決江河而沛然莫禦者乎江河之所以為有容至者善下也而決于蓄極之餘則其下瀰瀰塞隘之所以為萬善宗者善應也而通于靜極之後則其應彌神雖知一念不生之時萬慮淡無也凝神于漠正以養其妙應之原一萬理流行之際畧非婉有也與

[孟子曰]舜之居深 一節（孟子） 陳一教

根於感不過露其淵停之體舜之不異乎野人也者乃其所以異乎
野人者也善觀舜者當得之居深山中矣
涵潤含碧令人九咽皆作清冷氣感生於寂原是題竅處遠
露此意具見超卓陶石贊
屈而能應他人非不能講然前半不可十分粘帶又好纏繞幾希
便是俗筆此文可為新雋明暈弋評
徐作言至靜之時有待天下之動天下之善盡含于不聞不見之
境是在上截内牢籠下截而見舜感生于寂也此作謂善言善行
乃淵涵中之故物而以其散見者會其淵深者是就下截綰合上

慶曆文讀本新編　舜之居　陳　孟子

幾而見得感生于寂也作法不同而用意一也起處即微見闕

不纏幾希皆妙

三科墨卷津梁　頁九一

舜之居深山　幾希　陳傅均

觀虞帝於寂處之際，有異者猶若無異焉。夫舜之所以[illegible]者，即寂處時自存也。然其幾則微矣。作居深山觀，而木石遊、鹿豕與、野人同，夫豈遽有異耶？今夫聖人不求異人者也，顧聖人不求異人而人萬不能如聖人，則聖人固大異於人矣。夫其大異於人者，非別有一境焉，可於有異中求其無異也。特時所〔是又推深一層意〕異者未形，則其所以異都亦不顯。當此境也，幾謂聖人亦無以大異乎人焉耳。吾思夫舜，舜非千古聖人之大異於人者哉？諭其家，父頑母嚚，舜之至若格之，舜之異有以孚之也；登其朝，禹拜皐颺，舜之聖足以涵之，舜之興足以深之也若是則欲觀舜之異于人必于此乎然舜之興無不在則舜之所以興亦無不在舜之所以興無不在而[illegible]求舜之所以興幾有所不在則試即深山觀試即舜之居深山觀深山一靜境也而以有興而未始有興者居之則靜與靜相值而羣此中之若無情若有情者併若與聖人分濟若之天深山一寂象也而以存興而未即有興者居之則寂與寂為緣而羣此中之為無知為有知者羣若為聖人感發致深山何太有木石居而舜所與居若此矣有鹿豕耶而舜所與遊若此矣　一石居與鹿豕遊深山野人之常也而舜之與居與遊足亦深山之

野人已矣則謂舜遂無異于深山之野人以深山之深山皆野人
山不皆舜也故以舜而自視野人所與居若木石而已而野
人所與遊者鹿豕而已與之同則欲別其異而無自而是則不異
者自存其至為者存知嘗於居深山者改也夫豈竟無所異也則
謂舜遂大異於深山之野人乎然深山而見有野人深山未見有
舜也故以人而視舜舜即與木石居而與居之野人孰如舜舜即
與鹿豕遊而與遊之野人孰如舜則欲不別其異而不能而實則
至異者莫窺稍異之跡即難于居深山邊也夫豈大有所飾
也其所以異於深山之野人者幾希噫心聖人無慾即庸庸亦不

深山而聽心至通故野人無無感觸不與聞一善言見一善行而
舜之所以異人者乃無不可見焉其所以為舜乎
題合下文其義始全文能攝起下文于本題之中不侵不滯下
句躍躍紙上心細手敏非老手不能是卷亦凡參閤取詞華元作
三藝獨以清真雅正見賞以是知文求其是乃在移奇炫博也
於所以異處在下文能掛下意於筆先末二比幾希二字亦不
苟節有此恬咏寂咏之胸襟乃能寫出深靜遠之題目盧山

舜之居 陳

舜之居深　幾希

歲試四縣與 一等二名 黃邦光

求聖人於至靜之時而異者無異矣夫深山正足以見舜之異而舜則何必形其異也觀其所與居遊則無異也不仍無異乎今夫大聖人明物察倫其所以特異於恒流者當不得以拘墟之見執一境而臨其規也而要當形神寂處之先自不必特負其異於衆（注定幾希）蓋端倪未露祇自安其寂謐之天而恬澹居常莫測其淵涵之致則即目前之境地以與爲參稽覺心性自適而不知者幾超羣出類之聖人有時亦了不異人也吾蓋嘗神游中天之世而稽（即從不異處發按入方不似全即露畢超一著）然於舜之所居已造物之位置聖賢也非必與庸衆別爲其區宇

四宜集　九　亦一

故耕稼維勤。甘苦倫嘗於側。隨而日用動作。猶得於寂靜之區就。
托跡而觀其概。而聖賢之隨地恬適也。豈必舍徒與而故避塵囂。
特神明所注。來往不碍其居處。雖幽荒僻壤。正可從酬對之侶合。
寧蠢以觀其情。蓋深山之中。舜居之。而深山之野人亦居之。山有
木石。野人與居。舜猶是焉。山有鹿豕。野人與遊。舜猶是焉。而謂其
所以異野人者。即在斯乎。吾以為特幾希云爾。宇宙之餘。遺無盡
以流以實以高以華以
而三才萬象之所呈。境不遺於寂處幽居之際。試思默默懷懷。其
相與雜擾於深山中者。木石與居。鹿豕與遊。人以為然觀焉。為物
以此以使以是以所以以異以處以
象堪娛者。皆辭所凝思焉。而天倪畢注於此。則淺者見淺。深者見

深而誰謂空山寥落氣象不有其獨奇歟然竟地之閱歷有常而庸耳俗目之所遇跡自溷於日用游息之間試思色、形、與聲可與留戀於深山中者祇此木石祇此鹿豕舜以為靜觀焉而神明如聲著亦人所經歷焉而熟視無覩者也則情非自得景與人同又誰謂淡漠相遭度量或形其逕庭歟人亦則地亦靈當其宅身空寂之鄉形神泯跼蹐之苦深山中之天地自寬朝夕循耕鑿之經深山中之日月自適舜以深山而成其業深山亦藉舜而蓄其光彼野人又何論也所以表靈異於聖神而靜撥夫天籟地籟人籟之淵然未發者舉物類以先徵聖凡之不遠境寂則神常湛當

因宜集

毋致身淵穆之原寧靜足以致遠深山中之景象常新闇淡亦覺有文深山中之氣化自妙舜雖不必藉深山為玉成之具而深山無非為舜澄心性之區彼木石鹿豕特其寄耳所以考奇於寂境直預探乎耳諫神謀心謀之渾然具備者與景物而畢繪聖哲之淵衷益觀於聞一善言見一善行而後知舜之異者乃大異矣

高華典貴風度端凝題索解人甚難撥入境遇因失之遠一着迹相亦非語氣得此文乃覺會心不在遠也

兩撩几起法

一不比以西山箕山之居者陪舜

二比側影[illegible]

舜之居深山之中。虛冐開端題。盤中影下土 趙天章

入比鶴膝鍫鍊格

觀聖人於深山、亦深山之聖人也。夫深山不獨有舜、亦不必定居深山。特以居觀舜、則舜亦昔深山焉已耳。且世寧不少深山、又豈無居深山者。頗由是居也、而深山一變矣。而居深山者又一變矣。我思古人、誰與居者。箕山之下亦有高人在。其獨尚在也。卽西山之間、非無潔士。其餘韻可風也。而我獨致思於舜者何也。深山者天地之靜境也。萬境皆動而於深山獨靜焉。夫深山之靜、造物原不輕以予人。姑留以報烟霞岑寂之性。則天之所以惔聖心者、其至靜之境乎。深山者天地之谿境也。萬境多滯而於深山獨谿

。清。言。舜。居。

。靜。谿。二。句。搖。曳。下。如。此。濟。

。萬。變。染。明。雲。

二比文境超脫換然下文無跡

焉夫深山之鄙造物未嘗不以予人疇則領其萬籟澄空之趣則（鼓○帶○持○幾○文○）天之所以起聖心者其靜淡之境乎生不隔陶唐之遠天地間各（○致○妮○○動○入○）山住水未嘗為庸衆之所污舜之所居猶是渾沌未鑿之深山也當日者彈琹而爾揮動而聽在舜亦不自知其性情之所至乃千（○無○洒○出○喜○華○飲○想○耕○風○神○絕○世）載而後想象其風也何思異也何懷而深山之仁惜不能起舜而問已時未值放勳之薦天地間高山流水猶可寄一日之寬閒舜之所居猶是優游自得之深山也當日者歷陽而耕雷澤而漁在（○氣○味○逈別○）舜亦皆將如是觀望以終身乃千載而後追慕其飯糗何味茹草（如入○跳出○無○其○境○）何風而深山之中且不嘗諸舜而貧已嗟夫桑麻雞犬此身如在

二比文中肯綮亦有時

黃農流水落花此間別有天地後之君子欲尋古人而與之及也（古人收）（曲終人不見）
山高水長之際其跡猶存豈不可為髣髴也哉
筆墨跳盪心若旋床掩耽下文在有意無意之間而伸縮仍懸
滴不漏殆紅塵不到清虛境悠悶芳時鳥自啼者歟　吳踰龍
滌除驚境風度倍覺簡遠　吳精一

西山 史記伯夷列傳登彼西山兮採其薇矣以暴易暴兮不知其非矣神農虞夏忽焉沒兮我安適歸矣 箕山 唐田游岩隱箕山高宗幸嵩山親至其門 烟霞 遊岩野服出拜帝曰生比佳否答曰臣所謂泉石膏肓烟霞痼疾者 陶唐 繼堯初為唐侯後為太子建都于陶地故號為陶唐氏 渾沌 莊子應帝王篇南海之帝為儵北海之帝為忽中央之帝為渾沌儵與忽時相遇於渾沌之地渾沌待之甚善儵與忽謀報渾沌之德曰人皆有七竅以視聽食息此獨無有嘗試

鑿之日鑿一竅彈琴通鑑舜作五弦之揮鋤陳壽三國史管歆
七日而渾沌死琴彈以歌南風甯揮鋤而不顧歆
韓昌黎文送孟東野其書堯典曰若稽古帝堯初
思歌也有思其哭也有懷放勳曰放勳欽明文思安安高山學
記伯牙鼓琴志在優游大雅卷阿章歷陽雷澤韓非子歷陽之
高山志在流水優游爾休矣農者侵畔舜往
耕焉期年而讓畔雷澤之漁者四句本桃晉陶淵明
爭坻舜往漁焉期年而讓長桑麻花源記髫鬌桃花源記
髫鬌皆
存光

舜之居深　一章　　葉藩

虞帝與善為體、合動靜以徵其蘊焉、蓋舜心之善、深山中無可擬也、迨一接於聞見而沛然矣、此其所蘊豈易量歟、且自神明無結聚之緣、而涉歷所拘、遂無以發真機於偶觸矣、夫名理統貫於聖心、其淵然萬境之俱澄、卽豁然須臾之無間、寂感之際、意象殊焉、（參意迥舒知長混之捲籜）夫乃知運量有全神、亦其中之所涵者大也、則如舜是已、（鈎元提要）今夫舜之心、固以善為極者也、根於寧謐之地、而亦通於應感之交、此豈以所居異焉者、而特難從深山中觀也、兩間大美之原、靜中非無薈萃、而情所未肇、則曠然之晤對、祇自安其湛寂之天、落落者所（清新俊逸飄然不群）

為聰明俱淡也萬物靈機之運幽居自具充周而境所相忘刻泊
然之性天遂共托於寬閒之宇悠悠者所為思慮胥融也與木石
居與鹿豕遊深山之野人固然舜又何異雖然執是以求舜則必
筆驚天[illegible]
皆未聞未見時而後可而及其於聞見何如哉名理之紛也必不
以幽遐而絡闢特其緘方啟豈遂合於性量之宏而舜已若源流
當夏及冥二字精神春雲蒸蕩秋水縈洄可以想其文
之畢貫也天懷空洞之時與泊相遭幾盡泯往來之聲色一至靈
境
機忽鼓而前之滴然自遠者正以觀夫義類之通則誠變化生心
之妙矣天機之流也原不因迹象而可聞特其緒甚微豈遂浹於
高深之本而舜乃若左右之俱逢也夫化流行之數以虛為受亦

孰傳空谷之形聲一自朕兆既開而後之浩乎無涯者並以集夫轉圜之會則誠神明在抱之機矣舜於此時端倪偶露恍悟民彝物則之全意境頓移獨通俯察仰觀之大理以分而之合勢以迅

（自在流出）

而不傳若決江河沛然莫之能禦而已矣

（因而有之欲其重）

蓋靜蘊既深則即以粗迹之投皆入而與性靈相感名舉理之所乘莫非絕之所達而相

（一字亦出）

漸以出方寸中有不盡之彌綸月迎機甚捷則即以偏端之合皆入而與全體為秀淪衆外之所接罔非中之所涵而如量而盈冲穆中悉無形之鼓盪至是而舜蓋異甚非猶夫深山中人已也曠懷相對居遊存太古之遺而淵悟無窮聞見實衆流之滙則甚矣

渺然無際

舜之善量之不可測也

穆然以清瑩然以潤高躁明月下細膩早春前想見雅人深致

真令人一讀十擊節

孟子曰舜　一節

葉自淵

合寂感以明聖心、如遊其無滯之天焉、夫深山之中、聖心虛無物耳何以、一善不有者、且萬善胥通也、浩乎沛然、不及其時不知耳。孟子蓋揭舜之全量以示人也、曰今而知聖心自然之妙可以神傳而不可以形似者也、然而神之所觸形即流之形與形忘而潛寂之天常定形與神接而樞機之應不窮則神止而形與俱止形流而神與俱流總莫罄其自然之妙焉則不禁睪然高望夫舜已好問察而用厥中謂是曰警群工不無稍益耳然可以因境而增者亦即可以因境而滯也夫孰知天子之神明原無加于匹夫之

渾雅

縹緲藻繪界節盡涵

月林散清影

性體明四目而達四聰亦謂日理萬幾漸多啟沃耳然可以逐事
而通者亦卽可以逐事而塞也又安知聖神之廣運並不多于耕
（十○神○秀○傳）
（一股如轍○風徐漾細浪微○生）
稼之初心不觀其居深山時乎大抵山中居者木石之無情也山
（極俗○想之致）
中遊者鹿豕之忘機也山中之與為接構者野人之鄙言細行也
居於斯遊於斯以為異將烏乎異獨不思居深山之中者非他人
（[illegible]○將○淵○涵○絕○無○火○氣）
舜也絕囂塵而遠處秖自安不思不慮之天舜居深山舜自得其
為舜焉無情者與為無情而已忘機者與為忘機而已經綸未引
（秀○琢）
其端靈明自葆其采而淵泉溥博無由窺性量之恢宏屏世事而
不知一若守不雕不琢之素舜視野人若見野人之皆舜焉野人

無言相諭於無言而已野人無行相安於無行而已對巖穴而移
容已更相鮮
情眺長林而適志而幽居默處恍然擬儕偶於羲皇及其聞一善
渾
動静虛寔推勘入細
言見一善行而舜異矣心膠於靜值夫動而機不慱未見投之立
卓立
應也舜之心至靜矣而萬善淵然若方寸有百川之滙蓋一善之
贈於舜寧有加毫末者而善與善感其入焉即化者其出而不窮
如泉始達蓋瀦發而靡有涯也已心適于虛麗夫實而其趣不靈
難必其感而遂通也舜之心至虛耳而善量遥深覺左右有逢原
之樂夫一得之善在舜寧取資於視聽者而善與善會其觸而自
傾下沆餘勢
融者其流而不息如川方至蓋一往而無所滯也已若決江河沛

然莫禦舜非至是而始異蓋必至是而始見其異也予不見不聞
時繪其靜體于見見聞聞時叩其靈機惟靜斯靈聖心無兩境也
然而見聞俱寂之後猶然居深山之舜而已矣
既潔淨以精微復蕭疎而瀟遠木葉微脫石氣自清古人所謂
盡遠山一角者如是

舜之居深山之中

蔡良慶

深山有聖人其所居可念也夫舜豈終爲山中人哉然嘗所居之則亦深山中之舜而已矣善觀舜者當於此觀之也且予采入異之人史書所載類皆有瑰奇表著之跡以張大其說吾不謂其誣也然而淺矣夫聖人者豈盡無托處卑微時耶即如千古有舜大聖人也後世無及焉吾觀史臣之贊之者自賓門納揆以至大麓之間一一詳之然皆神其事也而未窺其心也苟欲窺其心也必先追其迹也夫舜也不嘗居深山之中乎噫乎舜何如人而居（淡折有趣）山哉深山何如境而舜居之哉或曰舜亦人子也有親在力耕供

烏永筆

養其職耳則舜以一耕一鋤居之也○舜亦人民也○有弟在○同憂共
喜其情耳則舜以一廩一井居之也然何以所錫未揚之先而
已達乎帝側予聞替予意者深山其生色乎則山自舜居而山已
不深此其居之一奇也且何以多士胥就之日而身亦負乎物望
成都成邑意者深山而市朝乎是山得舜則名而山不在深此又
一反一正　搃為下文開見寫照
居之一奇也然則謂深山足以掩舜而寂寞風塵不過成巢許之
日月是不當以丟常側陋之居觀之也然必謂舜足以示深[illegible]幻
負乘往來亦不過泣歷山之風雨又不妨以畀帶黑陋之居觀之
也河可陶耶動者與目謀山可居耶靜者與心謀是無在不可以

見舜山中非僻而舜非陋也同一不滯之境而已渟可漁耶行吟以自如山可居耶賴有而不厭是無往不成其為舜深山即僻而舜即陋也愈想其托迹之趣而已噫山中入山中人此中豈復[illegible]有舜哉是野人而已矣

理境澄徹絶去埃塵冰壺秋月饑贈斯文

清辭妙句興會標舉

舜之居

舜之居深　幾希

歲試閩縣學一等一名　鄭洛英

但以居言古聖也亦猶夫居人而已夫舜何必不居深山何必異於深山之野人惟其不異也故可舉之以言舜乎今夫狗於衆迹者之未嘗離乎迹也（題意圓渾）而就迹以觀神奇乃無以自異蓋寂靜之境聖哲特以寄其形而族彙之依人生不必殊其趣吾嘗取擧世所褎稱之人而觀其了不異人者亦第若尋常居處之人而已則有如舜乎夫存幾希而如舜千古德有幾人而論幾希之異人當時不知其舜乃舜則可覩矣元德之升聞水火龍蛇亦沐神明之化而自戕其踪則師錫以前誕靈當亦有在也而何得以窮蟬系裔

因宜集

淪草莾而莫按其初宜民之通變藻火山龍皆表作觀之䏻以分呈其象則韜蓄之地發越當自有奇也而後見神聖挈興超羣倫而已殊其概然則舜之為舜固當出尋常萬〻而不可以等類觀矣雖然聖天子寄跡之地正大聖人浴德之時則吾試論其居深山之中焉深山中木石而已舜何嘗不與之居哉蓋深山有野人（點題明淨）深山中有舜矣抑鹿豕而已舜何嘗不與之遊哉蓋深山中有舜猶之深山之野人也今夫亶錫之既生造化豈必别加以成就而退藏之在容景物亦何取乎新奇必平陽蒲坂而後為靈秀之亶生此事後審度而信之也若所居則不爾大通都大邑學士每藉

以廣其聰明而豢餘餘蓄往往超倫輩而大啓其光況聖人而熟此乎天而既生則任其人之自為磨礪無所試之成無所垂道言泛泛然聽其與百族共處於不見短長之內而群莫之覺位其涯（言文○良○句○老）既陳因而論之以為此聖人之外見也則絕無所自別矣必起類（扣二住恰合符出几希字）離群而後見聖神之絕迹此推崇意見以為然也論以居又不亦爾夫樂群敬業學者每資以收其廣益而志士自奮往往從固陋而自底於成況聖人而可拘乎身之所寄則任其境之寂寞淡漠以自處寧靜以自致直若庸庸然樂其與草物各安於隨在自得之天而不知所以然迨至事已往因而斷之以為此聖人之寂處

也則他無所自見矣其異於深山之野人者沖默豈無其度所盎
豈無其容然而幾希矣居則猶是遊則猶是人人皆似舜也而吾
正指其近似之處以見舜之不異於人平淡之至乃以見靜虛之
常而憑虛想像恍若見其格於苧蕭襏襫而莫睹英奇其異於深
山之野人者儒慕豈無其誠至誠豈無其象然而幾希矣居則共
居遊則共遊舜若與人同也而吾正從其疏同之故以見人之不
能分觀乎舜坦率之性可以想沉寂之天而意擬情形恍若見其
人於寂寞寬閒而何有枯槁然而未思其有所聞有所見之時也
夫虛靈之默流動之神須可以意計料乎

舜之居深　一章　　庚戌　嚴　遂　十四名

驗聖心于寂感之交而體用合矣夫居深山則若此有聞見又若彼一體一用不可以觀大聖之心乎今夫歷心者境也而歷境者心當境之靜也而煥然不能遣其天則即境之動也亦胝焉而不足以產其勢而吾心通變之體之歷于物而可見者亦莫能自窺其意象焉獨不見羅入夫舜之居深山之中乎今夫深山靜境也木石已耳鹿豕已耳深山之野人已耳而舜則與之居與之遊而卒未（重領首句為反其作勢）有以異也則以舜之居深山之中也蛮蒙寂歷之區不與物接而物自與我接此亦可以見夫機之活潑矣然而無情之物究不足

生聖人之情其與者其不與者也出作入息之地人不異我豈
無以異人此亦可以見神明之獨運矣然而同群之類正不妨亂
妙已陡取下截得精神後筆切頓有利
聖人之群其不異者幾希其所以異者亦幾希也則以舜之居深
使文此二字神理跳灑　以提撥為轉接
小之中也雖然舜非小中人也今夫聞見者心之發也一言一行
之善又聞見之所緣而及也而聖心之湛然常靜者至此而一動
焉一不聞不見已包括乎善之全彼聞見之有善直聖心之餘耳顧
寂入而出有神寥亮
不以為心餘于善而以為善餘于心而積吾力以注之則心思耳
目緣事物之感觸而皆通一言一行亦衆著于善之散入聞見而
以為善則聖心之衆不須心之善不緣聞見而衆聞見之善則

必因心而聚而不害蘊以周之則即衆態雜揉亦遽見吾性之流行而不滯若決江河沛然莫之能禦也而豈山中之人哉嗚呼此足以觀舜矣夫能靜而不能動非靜也能動而不能靜非動也聖人者動靜互為其根故其靜也已藏乎動之機其動也不拂乎靜微妙闡發精緊結構之理隨所處而其天者存偶有觸而勢常足以相給夫聖人之心之靜深有本而神明不測者固如此夫

全注及其二字鈎營致魂卻從前句擺其節勝精思抉奧微言喻真似此始不負子輿氏擧兩聖心之妙

孟子曰霸　全章　大題　　王曰曾

大賢即民以嚴王霸之辨，而深著王治之隆焉。夫治術純乎王，而民
心自不係于伯。苟得其所以皞皞者，而君子不已與天地同流哉。孟
（二句包攝○大意有先民）
子明王道黜伯功，而從民以辨之，若曰治亂關乎王術，而粹駁驗于
（遺○乾）
民情，自有天下以來，王之絕遠乎伯，而伯之難窃乎王也久矣。人盡
（起○句○有○曠○）（是○一○句○厭○也○字○之○神○）
知伯，亦知伯者之民乎。壺漿之惠，呴沫之恩，不能盡民而被之，或可
盡民而感之。我擬其民，雖虞如也。齊桓晉楚之盛大，槩如此也。人不
知王，猶不知王者之民乎。覆載之弘，生成之大，豈能盡民而被之，
可盡民而忘之。我擬其民，皞皞如也。唐虞三代之隆，千古如見也。

初學文衡　下孟

〇草〇頂〇發〇句〇雅〇不〇可〇少

從其與之者思之王者不言殺而五刑以相束亦何必非殺也而不

〇少〇年〇須〇學〇此〇等〇雅〇之筆

怨矣蓋大勇皆大慈矣王者不言利而九穀以相養亦何必非利也

而不庸矣蓋至德若無德矣王者不遷責民善而九德六行以相長

亦何莫非遷善也而不知為之者矣蓋帝則順而知識忘矣夫恩威

〇二〇節〇說〇民〇末〇節〇說〇君〇子〇自〇來〇有〇此〇一〇鎮〇此〇之〇謂〇東〇氣

禮教之醇化固可以驗民風而刑賞道德之皆忘更可以觀王極君

子不必過也而巡行號令之所及不期化而化焉君子無不存也而

洗心藏密之所諭不期神而神焉惟是天覆于上化育無方而皇極

協而賜之應地載于下施生不息而懷柔翕河嶽之靈夫豈驩虞小

補之所能比量哉語治術之醇則稱王者而教化所被靜萬物翕動

之機一語至德之全則稱君子而性情所留更持風會欲遷之勢嗚呼至矣。

簡老俊潔涇陽先生之衣鉢此君傳之。通章警處在過化存神涇陽為之必有精湛之向惜此處少力則一篇神氣為之不揚矣學先民者辨之。

孟子曰霸 一章　　王時舉

驗王霸於民情令人思王治之隆焉夫王霸之民具有所以異之也觀皞皞之象而君子之化神一天地矣曾何小補之足云哉且夫時至今日民生日蹙見近今之主行慶施惠以邀譽于民輒慨然曰民何幸而生其時也夫三代之距今遠矣生其後者目不覩郅隆之盛而得一二美政宜其流連慨慕而不能忘也而吾因是見霸者之民矣心所不敢異之恩無端而出其望外孰不曰吾君其愛我也身所急相待之澤忽焉而如其意中孰不曰近古其未有也歟者自歌祝者自祝可謂驩虞如也何王者之民不聞有此

（股法都妙）

本朝考卷籤中集　孟子

也田可耕也井可鑿也熙熙然於咸若之天而已父吾父也子吾子

也悠然然自得之性而已欲無所歡覩無所覩可謂皡皡如乎王

真○語○

所謂皡皡者何如也未嘗無所殺也而忘乎其殺也不怨也未嘗

無所利也而忘乎其利也不庸也未嘗無所為而善也而忘乎其

掃○入○天○地○隙○絕○此○絕○

為也不知也天覆乎上而不知其高地載乎下而不知其厚雨露

得○意○○真○

潤之而不知其深雷霆鼓之而不知其威君子何所感于民而何

講○神○化○處○即○節○

君是哉其身之所過初不期其何以化也然一殺之而胥格矣一

中○節○不○易○難○亦○妙○

利之而胥康矣一善之而胥淑矣其心之所存初不與其何以神

也然我欲殺而已格矣我欲利而已康矣我〻善而已淑矣乎吾

如是其家廟也芸生如是其蕃滋也何適而非天地之化也適而非君子之化也何適而非天地之神也亦何適而非君子之（神化流天地君子不分開講方見渾同意）神也雖欲指何者為天地化神之所不及而上蟠焉下際焉其流固如此矣則欲指何者為君子化神之所不及而親上焉親下焉其流亦如此矣夫煦煦之仁孑孑之義非不足得志于民也然亦小補焉云耳而頓以霸王之治同量而共稱焉烏可得哉宜乎民情之較然異也

挨題發揮層遞接落股法相生純乎先民規矱　原評

神來之筆不必有意求巧令題自馱一片

孟子道性善言必稱堯舜

癸會編　夏家鎬

言性必宗諸聖，所以最備君者深矣。蓋人性皆善，而盡其性者堯舜也。道性善而必稱之，最世子者抑何深哉。且夫性者人生之始，聖者道統所歸，似乎惟聖人爲能盡性矣。不知受中根諸天地，理本相同，則書斷自唐虞，語宜從朔，無聖愚也，無古今也。顧揭之而其旨明，實徵之而其準立。已世子　見孟子也，蓋習聞孟子固以堯舜爲學，而稱道勿衰者也。乃孟子則詔以性善者何故。蓋世子生當末季，凡詖行淫辭之簧鼓所以戕其性分多矣，惟爲之明示以本原，俾知孩提能解愛敬，夫婦亦與知能，有是性即有是善，庶不學之天良猶可豫也。道之所以正其趨

也抑世子身為貴胄凡聲色貨利之紛紜所以汩其性者不少
惟之深探其根柢俾知嗜慾皆關從違仁義實具生初是
善乃有是性無交引外緣不能奪也道之所以祛其惑也噫
自有此道而以性為有善有不善者失矣亦自有此道而以性
為無善無不善者亦非今子不已得所依歸乎雖然事不求
其實徒無以資篤信也淵源無以承統緒也夫孟子
固以究辨為學而椾道切矣風華之業早炳著於人
哉以夫運量所由來則大人之心依然赤子生人稟賦之初
以乎靈秀而充夫才力所能及則人倫之至首法聖人是
於孟子而不道性善則已孟子以道性善其必稱堯舜有斷然
者或謂丹朱象以驕稱有庳猶以傲著似性善且至堯舜

而窮〻〻而理則不容誣也其不齊不異於堯舜無〻〻氣〻〻達其
變其不能自外於堯舜者戀好自牽其常曰文〻〻曰文明任史
臣〻著為天授之命而堯舜則祇全性分也以是為世子立之
旦〻矣聊謂〻言之拜推乎禹極性之說肇於湯似性善之轍
不自堯舜而上〻然〻而〻〻則有其極也堯舜而還有堯舜〻先與後
共揆不殊〻堯舜〻〻水〻〻〻〻舜聖與凡其天適合曰峻德曰元德
在後儒或指為生〻〻〻使〻〻〻而堯〻要同此性貴也以是為世子
樹之〻〻可與世子〻〻良〻〻〻〻以〻性也堯舜不復見於今日乎
孟子其善〻〻說
氣度舒則筆情暢達文至妙來無過熱淘然

孟子道性　言乎　孫祥麟

爲萬世揭性之旨、疑其說者足尚已、夫性善之說、言自孟子、而世
予不足與言也、反見之疑、世子其不負孟子哉、且古今有至理焉、
一翻聖盡其功、後儒闡其義、將欲以堅萬世之信、必不可無一日之
一晦可刊、
著民彝之美、盡人之極、首在立人、淵源探聖學之精、
物形未解、夫乃嘆至理昭乎、其說紛、而其旨曉然、
說者、而其心愈難釋然已、嘗得滕世子、世子
而見孟子也、當羣言淆亂之秋、抑少之志、是其心
不疑於異說、而必奉孟子爲宗者也、孟子學成於私淑孔子、

為世子正告也上古無言性之書克讓温恭盡性自徵全量故人人咸順帝則克葆其不雕不琢之天縱未嘗明訓特垂而當世早不留疑竇晚近多汩性之輩食色杞柳論性莫究真原故人人謬附同聲盡昧乎惟一惟精之旨縱亟以微言救正而斯世卒莫釋疑衷然則道性善而稱堯舜孟子固逆料世子之不遽信也而特恐世子之未必果疑也夫然而世子足尚已夫以至理之自昭天壤也性由天釁彝倫共篤黃出之神善與人同列聖祇此秉彝之美舉峰衰有恆之理而戀賤詞餙俾其知入聖之始基說聞是言其賦畀之良而抗志遠希豁然自開其覺悟是深信不復之說也世子初未能及此也而以正論之難曉庸愚也謂性無邑無不善幾渾人禽之類謂性有善有不善更誣愛敬之良有

具見聞　也世子　然　驗矣　見　多　則　也高　所

既瑩之餘而以斗領提綱亟與明生初之懿德設闢是言者吝
異而冥情絕悟漠然不動於中藏是不信并不疑之
竿不至此也不覩其自楚反而復見孟子乎而世子皇
愈殷然矣異學爭鳴於叔世里王心法至今日而幾
一善之說有毀之者矣夫毀之何如疑之也俗流競即於
常經至今日而益甘饜棄性善之說有難之者矣夫難
少之也蓋疑者悟之漸不疑則悟不生疑者進之機不疑
子生乎闡性無不善之義明堯舜可為之理世無信
其言者何幸得之世子也曰世子疑吾言。孟子誠
而固得以釋其疑者堅天下萬世之信也

孟子謂宋　五節　　錢塘汪文濠浚丰

有所挾以為遊隨在皆自得之效也夫好遊而漫無所挾將
人已兩失矣又遑云囂囂乎士蓋隨在有自得之效哉且自王風
既遠養士之權散在下而于是遊之說興凡今之曳裾王門
有高談性分者將内無以盟夙夜外無以薦閭閻而士品喪於外
人焉明涉世之深心表儒修之梗概但使無失為上焉則仍不
以其遊語之如孟子于宋句踐是已句踐好遊人也吾未知
之已外度之人果有不屈此遊者可則遊也而豈徒然哉如謂
贄皇皇之將出門而擇主而儒者亦不徒為是棲遲之前得

制藝古之人一節

戚之萌而出處無安危之係則暮楚朝秦雖馳驅皆此老才
乎抑謂孤芳落落欲篤言而何求而儒者亦不必作此矜尚也茍
行達見憂樂之心而進退關盛衰之數則一車兩馬雖聖賢何妨後遂
以轍迹終乎孟子自夫遊安往而不得哉第不可有人之見存與
上審唱合雲
耳一生何必與尹屯之會而不損不加此外源無他學問焉抄
緣際榮辱之權而可伸可屈此中亦自具性情知足而遊亦從衆
囂囂也矣論人知人不知乎且囂囂亦何修而臻此哉今夫處道
過子德義其本也而士也兼此而有之生人之始有尊爵焉
而放之優游以自於各共識者德範傾人矣名數之中有樂地

囂利而安之貞正以自娛望其風者義聲宣路矣尊德也樂義也
徵句踐問吾知其微有可以囂囂折可以窮窮不失義焉而尊樂
自在也念好修以為常瀟瀟風雨終不改乎初度將身寄語歌于
爾室而抱膝長吟在己之所全已大可以達達不能道焉而尊樂
自如也推樹立之有素韜韜乎乘何反易其本來將見步清塵于
寸國而蒼生共仰斯民之所望不虛隱見咸宜乎物我各得乎此（俯仰流峙）
其故何哉則囂囂之極致也如是者亦可以遊矣有盱衡當代之
必者窮致不可以不聞不聞則無以澄觀萬物之升沉有經營海
吟咏氣者抱負不可以不高不高則無以成就一代之名業哉

西泠文萃

妍遊爲其宏㝡遠稹一雪虞士靈聲乎則盡亦與古之人爲徒也

神致高邁紆餘爲浙卓犖爲傑直可希蹤前輩原評

孟子謂 汪

孟子謂宋　全章　宋　澂

以德義矯好遊者身世善而知不知勿論也夫知不知在人執若德義在己而身世皆善哉尊焉樂焉好遊者何不知所遁且令世囂尚遊矣尊德樂義之儒不復見重於天下而要其所自重者固在也內美裕則外感（托要）貲輕天机深斯物情自淡時而起一身於天下非忘世也特而任天下於一身非徇世也彼彼役於知不知而囂尚遊者何足語此然而孟子嘗謂宋句踐矣句踐好遊人也其所尊者勢位耳所樂者貌行耳未嘗有德義也寧有身世之善哉即孟子語以囂囂亦安知其何謂哉且所謂囂囂許亦極難耳彼

天爵於天而為德尊不可踰宜乎弗者曰義樂無以加人惟一知
所尊受其權於人而為所挾屈惟不知所樂馳其情於境而為所
轉移果能尊之樂之則天爵崇而人爵不顯道味飫而世味胥忘（圓健無滓響）
人知於德義何加不知於德義何損也斯可以囂囂也是故處窮
而義不俱窮故我無慕處達而道與俱達初服依然人惟義不勝
利枉直互衡而尋尺無妨一試惟通不勝欲初終易操而先後不（帶寫）
嗇而人今且不失不離則貞其遇如一日堅其守以終身人知而（淡郁知不知際）
吾義亦如不知而吾道自若也而何弗囂囂也是豈抗節以鳴高
哉念自尊德樂義以來已之為己者有在民之屬望者良殷一旦

後先改節將撫已何以對衾影臨民何以酬物望乎士惟尊之乎
樂之深故囂囂然一己常伸物不能奪萬民共戴境不能搖縱之
之衰初弗以知不知紛具念慮又豈矯情以立異哉蓋觀尊德樂
对仗自然妙無牽强
義之徒得志則達而在上不得志則窮而在下藉非挾持有素保
無窮貴淫而澤不加貧賤移而身不修乎古人惟尊之際樂之篤
故囂囂然待後乎先獨善非怨仁育義正兼善非夸靜貞之守斷
應斷提引
無以知不知動其懷來所謂囂囂如斯而已矣豈好遊者可及哉
收束整鍊事無寬懈
蓋識超萬物之上則志氣常清德義全諸己窮達聽之天淡然寧
一己與物無競一心遊萬物之表則天君自泰知與不知任乎人

兼善獨善総諸已悠然自得之致於境無關要亦孟子自遣其未
平耳求向蹊何與焉

格律蒼老詞氣雄健周亞夫之軍營候不識之刁斗森然秩然

顧愚通

孟子謂宋

孟子謂宋句全章

河南張宗師科入修武三名 姜鰲暮

士能以德義遊也窮達皆善矣夫人之知不知亦時之偶然耳誠
能尊德樂義焉窮與達何往而不善哉且人苟漫然無所挾持則
凡在外之遭逢皆足以紛吾之嗜好亦安能淑身以淑世乎乃若
內既有以自重即日徃来于窮通得喪之間而挾持有具自無往
而不得其宜矣今夫士品之衰遊士為之也三代以上之士不慕
勢而忘勢忘勢則自重自愛心逸日休能使可處可出之權操之
吾覺而君相不與焉三代以下之士非無才而多才多才則智取
術馭心勞日拙遂使可貴可賤之柄操之王公而棄亦不與焉者

孟子語宋句踐以遊之之道乎窮世皆有定分遊非不欲人知也

更洋實洸洗剛

使其知之而囂囂者自若窮達本無常期遊非必欲人知也知其

此一章立論亦應亦明

不知而囂囂者亦自若夫囂囂豈易言哉一在于尊德之有常尊

則內重矣內重者外自輕一在於樂義義有足樂則已大矣已大

可立下

者物自小而猶未知其何如斯可以囂囂乎時或抱德義以處焉

是中字字清出

分亦可也囂囂然義不可勝用矣士何求而可與然若失乎德日

新而義不苟已故無入而不自得也抑或本德義以出焉達亦可

也囂囂然道可以大行矣士何心而猶須臾離之乎義常伸而德

文氣直下暢潤妙不亦足延

洋溢民故有望而皆不失也是以古之人已載道而窮亦囂囂也

然而不必戹窮也苟得志而行義以樂于上尊其德者被其[illegible]和
利濟及于蒼生道在已而達亦囂囂也然而亦不必盡達也不得
志而由義以樂于下尊厥德而慎厥修則聞望著乎當代雖其身
者能善世義可窮則窮不可失矣雖藏德義于名山而不爲愁雖（原評：而則于有時措以宜）
兼善者能獨善道可達則達不可離矣故公德義于天下而不爲（兼顧總提）
猶一士之尊德樂義而自可以囂囂者爲如此不然雖日言遊而從（總結平應）
役役于人知人不知之遇則窮不可達亦不可也哉哉士品之衰
遊士爲之也

循題洗發不漏不支 原評

推其主腦。逐節相生。其虛實聯繫之間。無不中規合度。純乎精于先輩之法。而能神明其意者。岱雲

孟子鐸　婁

孟子謂宋　一章

江蘇張宗師歲覆 吳江縣學二名 徐繼達

德義為囂囂之本，大賢為好遊者詳其實焉。夫遊固自有所以遊者在也，惟本德義以為囂囂，則窮達俱無負矣。此孟子為句踐明其體用之實乎。且內度之身，外度之世，欲兩全而無憾者，豈急近名之所可義哉。蓋有自重者以為挾持，則天下不得而輕其

擬○安○尊○樂○醜○義○兩○松

有自安者以為攜取，則天下不得而擾其心，其行藏之學，

提　德○義○之○樂○歸○全○

滯於用舍之宜也。何則，天下有得於心者為德，德固足於己，待於人也。人爵與良貴孰優，誠能自重於始，恒則尊也，興會時遇而俱見其性情。天下有守之正者為義，義固伸於己而不屈於

人也權位與劉方孰勝識能自安於夙昔則出處咸宜作介之道、
皆欲其學問若是則德之宜尊義之當樂也而特是戰国時紀
遊說者衆忘在己之可尊可樂而第駭於人之可尊可樂
以縱橫之謀或献以刑名之計抵掌而談議以博厚實遺名亦
文氣拼宕一○佳林鴻
爲識一身有關於成已成物之全哉故天下熙熙皆爲利來天
攘攘皆爲勢往羈旅縻則貴賤以請則喜具不能囂囂也明矣宜
孟子爲宋句踐示以遊之道也夫遊不有所自尊乎自尊者德也
不亦所自樂乎自樂者義也以德義裕於一身即可以德義周旋
神○行○作○華○所○之○官○儿○
一世窮可也達亦可也何慊爲士何歉於民得志可也不得志亦

可也何難於澤之加何難於身之修且不屈於不得志之窮也亦
不變於得志之達也獨善與兼善無所往而不得矣若是者何哉
抱○炎○尊○樂○道○義○節○脈○在州
惟尊德樂義故耳不然則窮必失義矣而德可知達必離道矣而
德義可知亦安冀其得於己者以慰民望一如古人之全體大用
經○緯○治○中○界○限○分○明○
而置知不知於度外哉此囂囂者之所以必本於德義也是知可
環○句○有○力○
必者在性情而不可必者在時命汙隆之數自天定之亦付
撰○按○二○比○理○精○刻○爽○
性情之獨優者協乎時命故大行不加窮居不損而王道之泰
在我抑可期者在學問而不可期者在遭逢廢用之權自人操
伊○葛○自○今○之○責
又何難以學問之有餘者遭乎體勢敲避世無悶竊利一出而名

近科考卷鮮真集

世之襟懷自若焉乎蔬水曲肱樂所意必耕莘釣渭若此之身世以德義為抱負以尊樂為俯仰耳使句踐而有會於心焉則所以囂囂者在此所以處窮達者亦在此矣安見古今人之不相及也（結有古韻）

此題大主腦在尊德樂義句一手握定貫串全章自然血脈流通精神團結　林鄉崑

繁簡適宜輕重合當意周筆達恢恢乎游刃有餘　衷鄉和

孟子謂　徐

孟子謂宋　全章

江蘇學院歲覆
蘇州府學二名　陸桂森

為遊士語德義相期以古人也、蓋尊德樂義則無有知不知之見
矣、緬懷古人自待良不薄也、句踐可徒好遊而已哉、且三代以上（識據斷論）
無所謂遊也自士不安于窮而驟希乎達於是遊之說起夫以挾
持無具之躬輙思投合世遂謂遊士互相標榜紀績參名嗚呼我
實授人輕重之權遊道自茲替矣然而此今也非古也何言之榮（悄）（有權倒一世之）
枯之遇制于天而德性不足以生神智則金玉錦繡而外別無才（槩）
士之功名得喪之衡繫于命而骨力不足以鎮遭逢則詩書弦誦
之場目笑貞儒之迂拙彼宋句踐者未識其於窮何如於達何如

乃孟子因其好遊而勗以囂囂則意其猶有人之說者存也且夫所謂囂囂者豈徒傲睨王侯貧賤驕人而已哉悅心惟德恭敬而奉持之真見我有其可尊者而後不於人取尊制事有義鼓舞而內繹之真見我有其可樂者而後不於人求樂如是而人不知可也道雖隱義不可隱名之曰不失義寧終身而不一出毋苟出而喪終身也如是而人知之可也義既行道即偕行名之曰不離道寧分定而我見無加毋變塞而世見有損也奈何哉士之好遊者究栖滑稽周容為度民不被其澤沒世而文采不表見是已無所得而觀聽望深亦幾幾乎失之處窮處達無一而可也何如斯可

以囂囂我思古人實獲我心矣登明堂而展壯畧福興患革疾苦如聞此士所以酬民望乎而發其光華殊有膏潤萬方之勢伏與漯而振英姿樹表立坊典型若接此士所以徵得已乎而揚其氣識殆有磊落千禩之風惟修見于世獨善之軌也士之能為窮不失義也若第幽愁而誇著述則文章行遠已近于浮華惟澤加于民懸善之宏也士之能為達不離道也若第感激而許馳驅則名節慎人更深于利祿信乎如古人者而後可為尊樂也而後可為

收束簡老

囂囂也而後可為士也孟子之語宋句踐者如此要之用舍之柄操之于人奚容委曲以相就行藏之學主之于已但當果確以自

文亦運神如能滿予謂憶諸二

持我觀孟子其猶龍乎曰潛曰見蓋乾之初二爻云爾此其所為

不必遊亦不必不遊也句幾璪璪何足以云

以英偉氣象運隆萬章程霞蔚雲蒸淵停岳峙落華自迴異小

家　張點濂

陳子龍

孟子謂宋 一章

大賢深惡遊士之卑而教以自處之道焉夫士惟無所挾故以遊自賤苟能有得于窮達之間而何難囂囂乎大凡士當所以進身之則氣必弱而辭必卑何則中無所挾而所求于人者重也故上之即深崇廉耻節概之風而人猶挾揣摩瞻望之術况乎[illegible]而縱之矜睹澤故士行之卑未有甚于戰國者也雖然士固宜自愛窮也徒自辱耳何益耶說在孟子之語宋句踐矣夫戰國之時士無不肖必無他塗可以自見而皆托于遊斯亦[illegible]而賢所不免也蓋羈旅至賤也王公大人至貴也談伯王之略傾天下勢至奇偉也以微賤[illegible]貴人之難而言焉

大題傳文

大題傳北

慷○慨○不○領○之○心○卓○犖○不○羈○之○氣○而乃畢意以將之曲爲似

方○夫○河○之○緣○一○世○年○里○一○面○

當○今○之○王○公○大○人○皆○庸○人○也○使○非○庸○人○則○此○等○必○不○見○用○幸○而○當

捭○闔○縱○橫○之○家○多○見○用○也○使○其○不○見○用○則○必○明○抑○剝○磨○鍛○然○不

何○也○惟○不○能○貫○之○也○其○不○能○貫○之○者○內○無○悠○義○以○自○重○也○觀○夫○彼

抵○掌○立○談○可○以○傾○動○人○主○誠○天○下○之○辯○士○豈○不○能○稍○自○振○拔○准○之

○蘇○秦○之○指○摩○為○金○玉○也○

懸○一○身○之○謀○外○無○天○下○之○應○故○辯○愈○雄○而○氣○愈○蔥○意○愈○傲○而○內

彼○固○不○可○以○窮○而○又○不○可○以○達○也○夫○君○子○窮○不○徒○窮○必○有○所○以○窮○之

達○不○徒○達○必○有○所○以○達○者○故○能○退○不○失○道○德○之○容○進○不○損○神○明○之

○怨○按○古○人○窮○不○遇○路○將○

是○方○人○千○只○負○扆○秉○伐○而○不○以○為○驚○彈○琴○聽○歌○而○不○以○為○困○豈○有○他

哉○窮○達○之○事○殊○而○我○無○所○與○也○是○以○身○居○陋○巷○之○中○而○氣○淩○日○

之上窮被藟薇之月而心在流水之間無所往而不自得矣而行
（快絕）
嘗今之王公大人哉時當盛王之日則擁而受卿相之尊賓師之位
可也或遇紛擾之時則下而從遊談之列策士之徒亦可也總
奪我志而已嗟乎從孟子之說以遊侯王間則求必遇然退而可
（說得戰國游士意氣家數）
自解若夫世之遊士遇不過金玉錦繡之榮而退且有不卜之患
辱況乎困厄于饑寒疲亡于道路者何可勝數哉士亦樣無好
士品至今日而賤甚矣望塵向火而竇吹羅榮數數塞滿世界
有一二方雅自重者不自爲傲即笑爲迂誰從省及孟夫子
之訓乎得先生此文頓令讀者眉開氣壯鄉乾一
高談雄辯旁若無人始身先借題以自寫也妙絕

大題傳文 書 辛丑

盡者對之何以自容　陳鵷關

孟子謂宋　二節　　陰正㸑

遊亦有道不以人知爲意而已夫策士之遊豈有當於君子之道然能不以人之知不知爲心則遊猶可好也孟子故爲句踐特語之且三代之士養於膠庠學既成而君自舉焉惡有所謂遊哉遊之名其起於戰國之時乎蓋戰國之君類皆以富强爲心而從横捭闔之士務揣摩其意以中之必求其知之而後止如句踐亦其一也晉考句踐生平其聲名出儀衍下遠甚意其爲人必權譎不足而正直尚存習見夫遊說者之立談而取卿相心悅焉而不能制遂强起而效之然而可語以遊亦正在此也孟子遂謂之曰子

（矯拔）

藝編録選　　孟子

應編錄選

好遊乎吾語子遊遊之時人有知之者亦有不知之者必欲求人之知而畏人之不知則必以功利為心以長君逢君為事審如是也則弗如勿遊蓋勿遊則秦楚三晉諸侯王雖以殘忍刻鷙為心（太史公所以痛恨傾危之士也）而一人之力有限猶不至肆毒於天下今也以遊士之陰謀濟之則其為害也將橫決而無所止是以大國益以憑陵而小邦疲於奔命也故遊不足好也雖然遊豈無道在乎好之者何如耳何以好之則惟囂囂而已我有所以正世主之行者初不必君之知之幸而知之是彼國之福也彼民之慶也於我何加我有所以格君心之非者初不計君之不知即使不知是天之未欲平治也民之

未得舉安也。於我何損。存此心也。則所以告其君者。必出於正道。而不出於功利。必本於畜君。而非主於長君逢君。將見殘忍刻薄之諸侯王。因一一策士之言。而或轉移其所嗜。從此睦隣息民。直遲之嘆耳。然則勿謂此無道也。夫遊固何嘗不足好也。

看得語遊數有關係。自然不落酸餡氣。文固以辯爲貴也。原評

能置知不知于度外。便是鶴立鷄群。新垣見韓仲連之貌。非有求于平原君。一聞其說。咋舌不敢復言帝秦而去。仲連且然。況孟子所謂囂囂者乎。論闢至極。非苟作者。

孟武伯問子 二節

湖廣蔣宗師歲考長沙府學一名 李文煌

勇者不必有仁、聖人始終慎言之焉、夫子路之勇、治賦則有餘、而治心則不足也、武伯之一再問也、夫子亦第言其可使者耳、豈遂以仁許之哉、今夫仁之難成也、有強有力者焉、氣與理俱、而使理常伸於萬物之上、夫亦可暢然而共信矣、而聖人于此常慎言之、非理之無藉夫氣也、氣粗而理精、以制事每見優、以制心又見絀也、一日者武伯有見於吾黨之學、莫貴乎仁、其為甚重而為道遠、而子路之謂獨全乎勇、自行能至而舉能勝、問子路仁乎、謂夫子之必有以知之也、然而仁之難言也、其理之備乎廣大精微之量者、累而益上難從事

奏刀砉然

安放乎終分晷

之久所造猶在堂室之間而其功之在乎存亡離合之介者辨之益
微雖材可兼人終無辭于日月之至將謂勇者必有仁而渾全之候

不知二字透極

力亦無所施將謂知弟莫若師而出入之幾已且不及覺子曰不知
非不欲表子路之長正難掩子路之短也胡武伯之又問也乃若所
長則有之國家雖內寧必有外憂故勇敢之士無事則用之於禮義
有事則用之于戰勝內也舉其國以從之內紀其政外張其威不必

可使不知詞洽刻露

効勝于疆場而固可屈人之兵矣第恐勝敵則強而勝私則又弱也
當朋從之爾思而大師之相遇由也能百戰而百克乎君子有文事
必有武備故丘乘之制教之四仲以習軍旅將之三卿以啓戎行由

也得其民而用之義宣其用信生其共不必日尋于干戈而固可定
民之志矣第恐治衆則整而治獨則又紛也當洗心于退藏而神武
洗水第二个宗不知
之不殺由也能勝任而愉快乎千乘之國可使治賦由之所長在此
而仁則猶然不知也蓋論仁于當世易知博愛之謂仁苟力足請兵
用管仲作
陪
車而數世猶得受其賜聖人所以録其功而攙其過也一而論仁于吾
鼓音未絶
黨難知無私之謂仁雖勇足奪三軍而一心猶難必其慊學者所以
勝人易而自勝難也奈何武伯終不悟而更問求與赤耶
講不知其仁句〻貼定子路精粗並到氣體在陶菴大樽之間　原評
看透子路生平才足有為仁不可知根原語〻皆争上游文氣混

本朝考卷宋編　孟伯　李

勢力足穿扎短長並見足為仲氏寫生　李志時

論語

第二十三冊　卷六十八

居天下之 節

四川 古慥四 三十八名

為大丈夫胥其寔統天下於性量中矣甚矣大丈夫自有其真也由

居立行而適觀之不誠有在此而不在彼者乎且吾觀三代之儒來

包括全彩

間有揣摩功名之說也惟相求于明體達用而學術由此全焉出處

由此端焉節操由此貞焉寔德脩而誉望歸總非予之所謂其人者

今與予言大丈夫勢權非所尚而身心事物之內志氣自有其常伸

炤上三句

功利非所務而窮通得失之來道誼獨操其素寔則試與溯厥淵衷

炤下五句

而一若所居乎人覩無居然有所援以為居其居亦易隘耳若人則

即對儀衍者

合天地胞與之量而自裕其懷來固天下之廣居也試與驗厥操脩

而一若所立乎人覩無立乃有所借以為立其立亦易倚耳若人則

取帝王大中之軌而自飭其應隅國天下之正位也更試與觀厥素
履而一考所行乎人親無行但有所恃以為行其行亦易遷耳若人
則舉古今民物之理而自昭其坦遠周天下之大道也使由是而得
與民由舉由與仁九義
志焉將見登斯世于仁壽之域準斯人于軌物之中而因以進一代
得志兩句不羨浸獨出机杼有關係處
手蕩乎之化也豈特問我而惜也以大丈夫而處今日率多不得志
浪之奇
于時矣惟不得志而淺挾策之流得捺其縱橫之學以逞其志于天
下諸侯王之庭致令一時之人指而目之曰某大丈夫也某大丈夫
即若儀秦筆相形劍入墨面聿勢如劍俠羽仙不可名狀
也究之見富貴而欣然遇貧賤而戚然當威武而惶然瞿然孚于有
志之士淪落不偶則反謂其迂疎而寡效矣而若人則銜門之下晴
歌自娱泌水之間優游可樂得失無心卷舒任我又何富貴貧賤威

哉之足以動其中也哉貲豪之偉抱非徒為一己彰名譽也讀書養
氣數十年藏之癖歟為儒術籌之家国為事功為臬伊旦中晚即無（神氣色澤兼饒庚之長）
此奇遇而旁型既樹天壤自有不可泯之功名大儒之經術並非為
一旦表設施也幼學壯行數大事用於前而當時蒙惠澤貽于後而
百世仰典型性命精微今日雖落落寡合而直道未亡終古尚有必
可傳之事業所稱大丈夫者此之謂也予以儀衍當之抑何其小乎
見耶

豪致雲蒸逸情霞蔚觀止矣　主考許評

此非僅擡高大丈夫正為景春所見卑陋錯認所謂大丈夫者故
孟子以妾婦斥之蓋妾婦則俯仰隨人丈夫則操縱自我浩然天

地之間真與造物為偶豈儀術所得窮其名哉文說大丈夫步步
与儀術針鋒相對置身于題之外絕不為題所拘束氣大于格才
大于法殆非尋行數墨者敢望其項背

居天　古

居天下之廣居　三句　　壬戌　朱佩蓮

修身於理境無人之見者存矣夫日用之間有理境焉廣居、、正位立大道行其自命居何等耶且縱橫捭闔之徒非無起處往來之素而吾斥為房中人不足當天下士者彼徒見諸侯王宮室之美几席之華車馬之顯覺在已之良貴闇淡無色矣抑知居心立身行已之間更有高明光大遠出諸侯王之上者方欲與正襟危坐一陳其梗槩耳妾婦之道、、非盱道皓其無以天下為量者告之也命系弧六射男子之志廣於天地四方遠所到而氣識起焉（宇、、物表騖、、霄外）登皇闕涉帝綱磊磊軒軒上薄霄天之氣肆小雅三篇學士之業正乎朝廷百官家所養而蘊藉深焉問賢關入聖域巍巍蕩蕩羣瞻淵嶽之心彼豈猶是居耶有賤家室子不我即妾婦之居何嘗○直○欲○赤○手○非居惜也容膝低顏未睹天下之廣居耳有人焉父乾為蓋母坤為基上下之區畫寬乎胞民在宇與物在藩內外之規模宏遠處之安而寢興食息於其中亦烏知人世間投閒置散更有心勿存而寧彼曠者矣彼豈猶是立耶瞻望弗及佇立以泣妾婦之立何嘗非立惜也向隅側足未睹天下之正位耳有人焉上下分階尊卑別火抗秩序之手於端拱等級隨班隆殺合度中規矩之步於搢紳履之泰而揖讓俯仰於其列亦烏知人世間踰閑蕩檢更有

心勿恒而易其方者矣彼豈猶是行耶遵彼微行爰求柔桑姿婦
之行何嘗非行惜也仄徑蹻步未睹天下之大道耳有人焉獨行
虎○臥○騰○挽○
然乎束修矢直守綱常以立乎崕岈化裁分馳推行遠馭適權變
以達乎康莊由之熟而安翔容與於其際亦烏知人世間取徑由
實更有心不坦而涉夫險者矣或曰嚴氣正性智不足者身難免
亦可慮也抑知小慧好行舞機變之巧者弛廉恥之維耳今則安
數○語○天○成○試○懸○國○門 可增損一字否
仁宅出禮門由義路以理蘊深其神智而一翕一張將百靈之屬
青默效其護持或曰高志直節信不聰者人不任是其短也抑知
長○整○府○天○來○吾○大○呈○言○
小信未乎盜謹愿之聲者亂忠恕之實耳今則法長居敖山立乘

○賦○無斗醫撰

時行以德器大其信果而一出一人舉兩大之攜可獨勝其負荷夫〻也可窮可達歷順逆而不渝者子奈何以巾幗短其氣哉

屈楊予雲元草元大手寫泰山巖〻氣象靈奇鉅麗生面特開陶硎育

居天下　朱

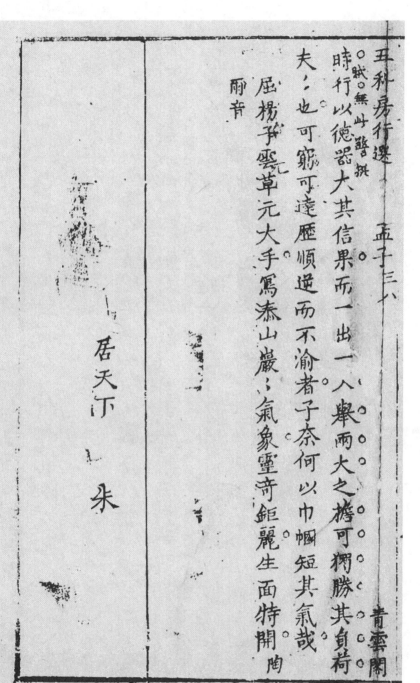

居天下之　大道

山東　周毓祺　名十八

通天下以為量者其所學正矣夫世莫不有所居所立所行也而以天下為量者誰乎廣居也正位也大道也斯其學何如哉告景春曰（天下字未移宜）予之稱儀衍也亦自謂足以相天下士矣抑嘗思其所挾持者何如乎夫人皆有所得於天之理則皆有可以天下自命之處而徒倚乎人以為重何其小也而且竊竊然徙而能之又何所見之未大也不有人焉居天下之廣居者乎人莫不有所居而此獨以廣名則天之所賦以為其心之宅而中有寄宇者也以無累為基以高明為庭以（惟得如此○味）盡性至命為閫奥以存理遏欲為綢繆入其門廊乎其有容也升其（梁本鼓）

堂巍然其在望也脆與其素念休養其至意而必不至以無端之愛
憎使一夫或受其害廣孰加焉夫世之赫奕以為居者多矣自若人
視之削皆其獄鑑囂塵而不可以一朝居也其立心有若此者不有
人為立天下之正位者乎世莫不有其位而此猶以正名則天之所
設以為其身之閑而外有定守者也以名數為防以綱紀為度以閑
情節性為靖共以謹小慎微為匪懈有範焉一跬步而不繼也有昨
為一拳足而莫越也類矣在所必嚴周旋存所必凛而必不敢以一
念也有分使萬物不得其所正孰加焉夫世之竊位以為榮者多矣
自若人視之則皆其偏黨陂側而不可以旦夕立也其守身有如此

者不有人爲行天下之大道者乎人莫不有其道而此獨以天名則天之所闢以爲其行之準而範圍不過者也以蕩平爲轍以中正爲軌以稱先則古爲步趨以雅進易退爲率由履其內如矢而如砥也循其途中規而中矩也赫然可以尊位安居可以樂業而必不敢以動靜之無常致舉事或乖其宜大孰加焉夫世之枉道以求合者衆矣自爲人視之則皆其幽暌險隘而不可以一息行也其側行有若此者與並儀行所可遵哉

字句皆切

對二股妥

描摹之緊

句句對針言無泛設廣居正位大道各有映切點襯尤覺新警奪目

費巽來先生

鄉墨 孟子 戊子科 居天下

鄉墨卄　孟子　戊子科　居天下　周

所居不廣。所立不正。所行不大。便有爾許非仁非禮非義之事。試看儀衍之立心制行自見。文不止點覷。見長三內。妙能緊々对付

二子。乃是孟氏立言本意。他處安宅正路公家話。那扯不動。與

元作同一體製。蔣梅士

居天下之廣居　三句　周毓真

通天下以為量者其所學正矣夫世莫不有所居所立所行也而以天下為量者誰乎廣居也正位也大道也斯其學何如哉告景春曰子之稱儀衍也亦自謂足以稱天下士矣抑嘗思其所挾持

（於出天宇塵俯仰行）

者何如乎丈夫人皆有所得於天之理則皆有可以天下自命之處而從事於人以為重何其小也不有人焉居天下之廣居者乎人

（仁親義僕根起天宇從本原泰潭）

莫不有所居而此獨以廣名則天之所賦以為其心之宅而中有

（俱競恩宇宙索意）

寧宇者也以渾厚為基以高明為庭以盡性至命為閫與以存理遏欲為綢繆入其門廓乎其有容之升其堂巍然其在望也脫與

其素念休養其至意而必不忍以無端之愛憎使一夫或受其害廣孰加焉夫世之赫奕以為居者多矣自若人視之則皆其湫隘垢塵而不可以一朝居也其立心有若此者不有人焉立天下之正位者乎世莫不有其位而此獨以正名則天之所設以為其身之職而外有定守者也以名教為防以綱紀為度以閑情節性為靖共以謹小慎微為匪懈有範焉一跬步而不離也有冊焉一舉足而莫越也顰笑在所必虔周旋在所必凜而必不敢以一念之苟合使萬物不得其所正孰加焉夫世之竊位以為榮者多矣自若人視之則皆其偏黨陂倒而不可以旦夕立也其守身有若此

者不有人焉行天下之大道者乎人其不有其道而此獨以大名
則天之所關以為其行之準而範圍不過者也以蕩平為轍以中
正為軌以稱先則古為步趨以難進易退為率由履其内如矢而
如砥也循其途中規而中矩也赫怒可以尊征安居可以樂業而
必不敢以動靜之無常使萬物皆瀆其閑（所大乎）大孰甚焉夫世之枉道
以求合者衆矣自若人視之則皆其幽昧險隘而不可以終身行
也其制行有若此者此豈儀衍所可逮哉

直說仁礼義易涉於腐夾說居位道易傷於纖然腐則必陳纖
猶不失為新與其陳也毋寧新筦題字寫題理與元文同一作

墨卷叢集　　孟子

法而鋒鍔遇之故置彼而存此闈塲屋文字最喜鋭鋒利鍔也

沈相起

居天下

周錫嘆

居天下之廣　三句

柯龍章

備乎仁禮義之德者合天下以為量也蓋廣居正位大道以通乎天下者也居之立之行之量何如哉且人以身入天下非恃乎術之可以相欺寔恃乎德之足以相制伊古志士其心大其學大而其量自大先天下而凝其命道固尊也與天下相見以天品亦尊也蓋挾持鉅而所志達矣儀衍之道妾婦之道也其所居所立所行可知矣今夫吾身有獨伸萬物之處故道在而天下無敢相衡亦貴乎有托命於吾身之處故道立而天下有以相統夫不覩之古天下之廣居者乎天下非仁無以相生而仁盡於一人之身則仁

鰲峰課藝

常居有寧居巍然安宅之象也天下咸歸宇下焉夫當其一宇僅游幾於斯人無與而不知以性天為基址以德業為藩籬以克己復禮為綢繆補葺者安安敦艮之土得主而有常也存存者道義之門無入不自得也天地則有廣生聖賢則有廣業斯人則有廣居其所謂太和之保合者乎彼夫朝秦暮楚抵掌華屋之中有如是之莫厭攸居哉抑不有立天下之正位者乎天下非禮無以相維而禮修於一人之身則能強立能特立美哉德隅之館也天下咸皈素履焉夫當其嘯歌自適亦與斯世何關而不知以名教束其身心以正大範其措履以三千三百固其肌膚官骸動容周旋

百卌

無不以以凝命者此位也釋回增美以求倫則居體者此位也天
正位乎上地止位乎下斯人正位乎中其所謂範圍而不過者乎
彼夫阿諛苟合徒竊卿相之榮有如是之卓然自立哉不有行天
下之大道者乎天下非義無以相制而義備於一人之身則為安
行為利行坦然正道之由也天下咸企用行焉夫當其爾室潛修
其與時事實補而不知居仁由禮之日以聖賢為趨步以中正為
法守以古王至治為權變經常和以利物而凡奔走取容弗屑也
精以入神而凡捭闔揣摩弗事也天地之行貞觀而道大日月之
行貞明而道大斯人之行貞吉而道亦大其所謂知周於萬物者

鶩峰課藝

乎彼夫秦關楚壁日事游說之工有如是之推行盡利哉所以

於心直造天下蒼生之私命修身見於世允徵帝王師相之編

試詳言之

稟經酌雅卓爾不群

居天下　柯

百卅五

更是析倒
景春

〇〇居天下之廣居立天下之正位行天下之正道

孫奏

此是虛描一箇大丈夫模樣居立行是孟子步平居由本領提出天下二字正以見其大恰為仅衍華相擊絲

通天下以為量其人之自命者隆矣夫論人必以天下為量也乃若人之所居所立所行如此其自命為何如與今夫人之生也苟參與于天下之大則當世雖震而異之而君子斷有所不許何也天下之責望于若人者原若人不容少之事則吾之所以副天下之望者亦即吾學不淨辨之端維未審定其人而已

落句收淨切心字說居

見樣樹之不作矣今即子所云大丈夫而進論之夫人以一心

對此從術
一步大丈
夫便有與
分

程墨選　上孟　順治□丁江南　惲□□

寄民物之命則不能無居而或小矣自期致有隘而雜周之虞者其所居非天下之廣居也今有人焉謀乎一理而即可以舉衆理之全宅乎一心而即可以給群心之用是何如宏通者乎（一性清徹）彼世之赫矣以為居者多矣有有斯人之居而凡馳思并包窮附通人之譽者曾不得託處其間焉則若人不過為安敦之常而人之見之以為其量同天地有如此夫人（切身字說之）以一身任名教之重則不可無主而或委蛇自將致有柔而莫勝之憂者其所立非天下之正位也今有人焉謹端于性情（故詐極害）而不使性之有時而過慎持于學術而不使學之有意而畸是何如粹然圖者乎彼世

墨拙齋

仁以礼齋
祠𥄂一犯
此筆端

之越然以自立者多矣自有斯人之立而凡胃紛威权自著強
敎也槪者曾不得置身其際焉則若人不過爲扶持之素而人
之慕之以爲其躬範聖賢有如此」夫人以一事周畢世之用則
切事字說行
不能無行而或競絿交勝致有格而難通之患者其所行非天
下之天道也今有人焉事介可否而持之不患于無成理在疑
似而斷之不憂于寡斷是何如栽制者乎彼世之矯飾以爲行
者多矣有有斯人之行而凡曲意求全或致美遠之名者曾不
竟五
得同類而覌焉則若人不過爲固心之宜而人之仰之以爲其
不溢六筆
節邁古今又有如此

上孟　順治　子　江南　陳於明

緯望選

認折景春。中削仅衍。覺大丈夫身分。原不許他人效顰。三段

獨往獨來。神氣疎宕。自是方家手筆。

居天　孫

居天下之　三句

江南　盛符升

大賢明學所由端，合天下以觀其量焉。夫所居、所立、所行，皆學也，而其量及於天下，學者可以不知所裒乎？孟子若曰：人之度量相越也，自其（起即對射似竹呼動）平生之學術而辨之矣。故未以一身示當世之重輕，而先以所學明一（末句）身之得失，知其自命者不苟，則當詳舉而切著之，使世之論人者知天（見析流春之喙）下士之不易量也。吾於流俗取舍之外，槩然念人心所由端，而知名教（吃然直起陡健之極）之猶存，猶賴有剛方之士；吾於古今聖賢之域，較然明絕學所由著，而知性情之獨至，即以觀器識之全。不有人焉，居天下之廣居者乎？（崎嶇大丈夫）天下居斗廣隘，視心之所托以為端；觀於深居樂道之人，而此心洞然也。（心字切居）（呼演字）其所辨在公私之介，其所得在物我之通，必有與天下為弘深者也，則世（天下二字方出）

之重乎居若在所時之遠馭而我之重乎廣居若在性命之幾微已不

有人焉立天下之正位者乎天下位乎耶正視身之所處以為衡規於

用業全在下字句題　呼正字　身字切立

猶立破行之人而此身何身也為一己樹風厲之原為斯也明綱常之

兼此俱從關合以行

重必有與天下為表率者也則世之貴乎位者為綜分之崇高而我之

貴乎正位者為纖修之貞固已不有人焉行天下之大道者乎天下道

步字切行　呼大字

無大小視事之所及以為量觀於紹行亮節之人而此事何事也以守

正講俱從此發

先待後者明大學所由傳以矩步方行者明世教所自防必有與天下

為法則者也則世之稱乎道者惟通方之肆應而我之稱乎大道者惟

二比詞又尤極疏正

乎發之忿懲已蓋天下之事功有待而集吾人之學問無待而成今到

心身事務併一串

恭其學而心可畢協乎身、可畢協乎事則純全之業、正為天下斯英

真大學問人語

加抑天下之褒譏，各可自信吾學之純雜，各可自考。今祇論其學而仁

仁义礼有操一串

之至者有其義、之盡者有其禮，則嚴正之操必為天下所咸服，以此

言大豈與儀衍同日而語也、

手擎大丈夫門覷儀衍華閥、爍、有帷燈匣劍之奇，然細讀之卻得孟子為自己寫照神情，惟多讀書厚養氣，乃能有此，彼一味鋪張從侪雄偉廓落語者，自謂肖題，其實與題胡去遠矣。○本題三句並無大丈夫字面，直至末句方見，此文通篇惟用暗呼，手眼可云獨絕

陳太士

居天下 盛

孟上

第二十三冊　卷六十八

居天下之 三句

福建徐太宗師科試興化府學一等第三名補廩趙樹聲 玉公

統天下以為量者其自命隆矣夫量不及於天下奚足觀也居之立之行之有然其自命豈淺鮮歟且吾見夫今之士矣甚無足重輕於天下者輒嘖嘖稱之曰是必有異吾甚惑焉夫人之克自樹立者初未嘗鶩駭於流俗而為之考其心驗其身試之以事莫不卓卓然可紀嗚呼其度量之相越誠何如哉一如儀衍之為妾婦而顧稱為大丈夫耶竊念夫游食於諸侯王者衆已吾跡其生平未嘗不為之長太息焉從橫搆斸民依莫恤其心抑何忍也而且蕩閒踰檢莫遵先王之法制其如吾身何又况肆其機巧動輒得咎其事之失宜者可勝

貼題三句簡而不漏

照仁字妙

照禮字妙

照義字妙

道哉若而人者違仁背禮犯義甚無關于天下者也吾以為是皆不
醒○出○天○○字○針○線○細○密
得其所居所立所行焉以至於此抑知古今來其有裕于天下之重
此○等○氣○象○是○孟○子○門
寫○本○色
而為天下之所維繫者獨不曰若者其廣居耶若者其正位耶若者
其大道耶大抵天之賦我者其皆備也而我之承天者其咸周也夫
此○比○始　廣居正位大○道○講
其皆備者寧必擇人而賦之哉遡自受中以來胡然而有元善胡然
而有秩敘胡然而有周行優優乎性分之良者未嘗此豐而彼嗇也
此比始居之○立○之○行○之○講
抑其咸周者何非本天而承之哉念自秉彝以來何以弘其意量何
以端其視履何以善其化裁兢兢乎學術之正者未敢此先而彼後
也以言乎居寧可苟焉以居欽民吾胞也物吾與也其含弘而靡外

者未嘗稍有刻忌也自隘其懷來謂非統天下以爲居欲居何廣也

俱典雅衍針鋒相射非泛講仁礼義爲妙

以言乎立寧可苟焉以立歟循乎經也由乎曲也其範圍而莫過者未嘗稍有乖違以自離其坊表謂非統天下以爲立與從何正也以言乎行寧可苟焉以行歟通經權也達常變也其率履而攸宜者未嘗稍有拂戾以自失其蕩平謂非統天下以爲行歟道何大也嗟夫士貴克自振拔耳依人之勢爲喜怒竊人之權爲安危少酬於願輒

徵文刺諷甚於棒喝

揚揚自得何無具寔甚歟乃斯人者恒惕惕以自守矣曰居吾居立吾位行吾道視夫徒藉權勢而無裨於天下者以彼易此孰得孰失豈無能辨之哉

徐太宗師原評

光芒俊偉

起從儀術反照方不泛涉理奈又將居廣居立正位行大道劈分兩比後總點出還他題面三比格法屹然詞采煥然秦王在坐真氣驚户牖矣王公妙年具此手筆豈肯讓人頭地知必絕塵而奔

師祖林亨生評

三個天下正對上大字說吾儒立心便與天下相關非伺人顏色以工趨媚已也王公茲作發論高吐詞偉覺孟氏巖巖氣象卻於三句内揭出至首尾針對儀術處感慨淋漓尤令此輩流汗變晚

極滑韓歐筆法　業師周賡臣評

譚友夏云法不前定以筆所至為法詞不準古以情所迫為詞是文忽開忽闔忽整忽散如决水于江海舒為淪漣蹙為波濤因其所遇而變生焉在作者亦不自知所以然豈非天下之至文者乎

會伯林公韞評

居天

居天下之廣居　三句　蔣拭之

君子所以異於人者能盡其性而已夫廣居正位大道皆性之德也而居之立之行之非能盡其性者惡足以語此孟子斥儀衍之不足為大丈夫而因為之示其實曰天之與我者莫不有包涵天下之量（是儀衍對針）而人自小之蓋爭趨於勢位之途而忘其德性之貴也今夫吾性中（天下之三字有著緊）有仁焉其體至公其用至愛此萬物之所以休養生息於其中者巍巍乎天下之廣居也人惟溺於外誘之私於是曠焉而弗居耳君子以之宅心而嗜欲之交一無所擾將見靜而存之而衆理畢具者廓（居廣居確當）乎覆載之寬動而應之而萬感皆通也々布然民物之濟則其泰宇之

寧真有從容自得之樂凡人世之優游偃仰而狃之以為安者彼視之直不勝其卑陋而不屑居也人各有居而彼獨居天下之廣居如（佳。法老。）此吾性中有禮焉太過則節不及則文此萬物之所以規矩準則於其間者當乎天下之正位也人唯逞其縱恣之習於是畏焉而弗立耳君子以之律躬而邪曲之見一無所形將見大而秩序而典禮（虛實兩面俱現）之情恭敬而不違其則小而威儀而言動之節堅定而不易其方則其操守之約真有範圍不過之規凡人世之周旋步趨而據之以為常者彼視之直不勝其偏陂而不屑立也人各有位而彼獨立天下之正位如此吾性中有義焉為心之制為事之宜此萬物之所以往來出入於其地者蕩蕩乎天下之大道也人唯惑於他岐之途於是舍之而弗行耳君子以之制事而智術之私一無所用將見經以處常而率履不越者坦乎由今古之同權以濟變而旁行不流者浩乎見事物之達則其推行之際真有鼓舞盡神之能凡人世之從俗詭隨而乘之以為便者彼視之直不勝其狹小而不屑行也人各有行而彼獨行天下之大道如此

真是震川再生矣萬曆後無此筆也　湯星文

居天下

○○○居天下之　一節　　四川　劉鵬翥　解元

全乎性分之量者、斯有大乎天下之品焉、夫性分既全、而欲與天下共全之、亦視乎得志不得志耳、境遇何能易焉、謂之大丈夫也、宜矣、若曰、吾人欲為古今不可少之人、則必為朝野重有賴之士、德徒負
方是論大丈夫居未句此是謂三字
乎其名而無當於其實、君子斷有所不與、若夫全乎天下之所同者、能公乎天下之人、即至功無所建、而量彌遠、志彌堅、總非外物所能紾、然後知其所扶持者甚大、而品誼已獨隆也、于言大丈夫、抑知所謂大丈夫者乎、從來有卓越羣倫之識者、全體達用、自不與壽流同、意氣有夐絕千古之量者、立心制行、並不與豪傑共勳名、向使宅心
反部全題勢如建瓴
不弘、置身不端、處事不精、而顧名厚實、無一取焉、迨所如不偶、怨焉

而易其顯榮也忽焉而阻於窮約也忽焉而殉於勢分也以是而歸於天下曰大丈夫大丈夫頗如是乎哉夫大丈夫固無念不存乎天下也天下有廣居若人則靜不離焉動常依焉合天地萬物而皆寬也其居心也有然天下有正位若人則內自肅焉外日嚴焉合出入進退而不苟也其立身也有然且天下有大道若人則一事不渝焉事事愆惕焉統經權常變而無殊也其行事也有然是其性情道德涵養于平時者初何嘗縈情于窮達而與闕事功張弛於臨事者何必不共驗其行藏吾見其出也有為處也不苟任世之為順為逆而確乎不可拔焉此豈得志則欣欣不得志則戚戚貧富貴厭貧賤而怯威武者之所能及哉吾於此益信大丈夫之無念不存乎天下也

又換動大丈夫

居心意身行事焰大全分貼極精

將下意又引合

二小比方占出題面有色雙敲行文撥

五句只用數筆含蓄然反正有法不窮

勁學壯行斷不以正誼之躬還流乎時會利不我誘權不我奪天壤（總收兩比總單承象）之所以不斅者賴此剛大者維之也其品量寧易視也守先待後央不以明道之事稍殺其生平時不我困勢不我窮古今之所以常存（意起局法老到）者藉此道義者持之也其行諸居何等也此之謂卓越乎羣倫也此之謂夐絕乎千古也稱大丈夫者舍此其誰與歸

此節是孟夫子自道生平巖巖氣象于斯可見大旨重在首三句下五句特抽出言之耳非有所膺蓋操乎我者既全則處乎外者自無往而不善大丈夫所為視儀衍等輩奚啻鷃鵬之於斥鶉哉文之勘題操作一片而卷局布勢又何其步驟從容也覺元家神識氣度無不畢備大雅復興賴有斯文

居天下之　由之

江蘇張宗師科試　江寧十五名　錢義上

理統其全於得志驗之焉夫居廣居立正位行大道而天下之理矣與民由之寧負得志時哉嘗思大道之公也必居天下以為量也諸已而眾理之備為天下之大同斯能措諸人而民衆之咸成天之大順若夫婦之道而儀衍為之推其意不過欲求得志耳欲得志而居華堂立顯位以行其詭譎之道耳一不見有居天下之廣居者乎為天地弘胞與之心即為萬物立生成之命則當其蓬戶蕭然而辦懷無外早已與天下為感通者也一不有立天下之正位者乎為一端風俗之原即為斯世明綱常之重則當其伏處卑微而風聲所

早已與天下為嘉會者也不有行天下之大道者乎以如砥如矢、嚴其率履即以蕩〻平〻者飭其德行則方其安步當車而規矩循早已與天下為法則者也夫以人〻所不能居不能立不能行者（妙筆）（從志字發筆下全氣象）而守先以待後則必定其志於廣居正位大道之中而卓然自命斯一人自善之志已無不遂然以人〻所宜居所宜立所宜行者而幼學以壯行則非擴其志於廣居正位大道之中而敘鵷鴻高將天下兼善之志何自而全蓋若人以天下為志則必與民由之而後謂之（原評得志獨見分明）得志也志在溫飽者以遂私為得計而彼惟以受中之美還斯民（迴綰有致）固有則猶是廣居也猶是正位也猶是大道也我所由者而民共由

之。亦一人倡而衆人和焉耳。志不帥氣。溺者以乘權為得意而欲惟

以德性之良進來流於津。古則真天下廣居也。天下正位也。天下、

道也。民所由者即我所已由。亦上為擬而下為從焉耳。如是而得志

其志何大哉。

關扭緊峭脫此題熟覽。原評

簡潔有致詞約意該。不華靡參閑疏。自然機神洽暢。

居天下之　三句　歸有光

君子之所以大於天下者亦惟能盡其性而已（○大○字○乃○真○）夫仁義禮皆性之所有也居予能有以盡之則天下之道於我乎寄焉苟其所以為大人也歟孟子因景春以儀衍為大丈夫而告之以為天下有勢焉有道焉彼於其勢者其重常在乎外而吾身為小溺于其道者其重常在內而吾身為大于此可以知大丈夫之說矣是故去賊吾以吾仁以為其心之德而中有寧宇則私欲不能以乘其危此仁之所以為廣（○象○字○拜○傳○滿○水○消○凍○）居也天下之有其居而曠之而淪胥顛沛將不勝其危者大人無所（○廣○居○正○位○大○道○貫○聯○密○其○止○而○不○）私藏而帝畀之精蘊體而不累天德出寧而廓乎萬物之衆與之而

用一分偏閃影氣

間體泰宇凝定而浩乎天地之大不足為其容蓋仁為廣居而居仁

丹剔廣正大三字以盡

則為居天下之廣居矣生民之所奠安者均謂之居而孰有廣于是

字之量

者乎天賦吾以吾禮以為其身之藏而外有分守則非僻不能以干其正此禮之所以為正位也天下之有其位而踰之而放僻慆淫將不勝其邪者大人無所顛越而天秩之禮自我以有庸動守寓度致禮以洽躬而不過其則恪遵典法恭敬而溫文而不愆於儀禮為正位而立禮則立天下之正位矣萬物之所以居高者均謂之位而孰有正于是者乎以至天賦吾以吾義以為其行之制而事不失宜為吾人之所共由者此義之所以為大道也天下之有其道而背之而

旁見側出將不勝其小者大久不敢須臾離而萬事萬化惟義之與比皇極之建無反無側而舉協乎天命之本大道之行天下為公而咸即乎人心之正蓋義為大道而行義則行天下之大道矣衆庶之所以出入者均謂之道而孰有大於是者乎夫仁也禮也義也是三者胥謂之大焉居仁也立禮也由義也是三者胥備於大人焉耶乎小哉皆屬於人鄙乎大哉獨成其天又烏睹世之公孫衍張儀者歟

究乎題之量而率言之不覺其至於盡　許伯贊

字字還他正位實地不弄一毫花手只此是絕頂力量品格吾嘗笑陳同父自謂不能研窮義理精微辨析古今同異而又自謂為

堂堂之陣。正正之旗。古未有不能研窮辨析而能堂堂正正者也。其所謂堂堂正正。只得一箇粗耳。如震川真可稱堂堂正正。惟其精於義理精微古今同異也。

居天下

居天下之　一節

江蘇張宗師科覆　無錫縣學一名　顧一乾

正己者不挾權於物、知大丈夫之有真焉。夫道莫大於仁義禮而
所居所立所行在焉。宜其歷窮達而守常貞也。謂之大丈夫。不虛
哉。意謂天地之性人為貴。而人之所以能自貴於物者。要惟以其
借題有力
一於理而不可動也。故學定于先。所以正一己之性。而德成于內
貼鍊
即以詘萬物之權。蓋可窮可達而必不可枉。而千古之真品決焉
淡、唱、
以順為正。彼妾婦之道然耳。而予奈何妄許以大丈夫。且子亦知
承、句、反、起、合、神
人是夫信何謂哉。夫名無倖列。品不虛開。遙遙千古。長懸一大丈
山立
夫之詣。以留天地之心。而寄生民之命。世有其人。吾願與子寔而

陡起 穿插□□之筆 孟十千

証之世無其人吾猶得為予確而指之古未有大丈夫而畀論儕俗偷為一切以取容當世者也夫自待者厚則其責己必重所思者遠則其擇術必端是故乾父坤母識萬物之同原制節謹度知吾性之有則直内方外見天道之無私理不越乎賦畀之公事不遺於日月之近而安宅莫焉素守定焉正路由焉下以涵育羣生經緯萬端裁成庶物不膠其道之跡應而用行者乎今夫可潛不

提此古文 脈絡無痕

可見者學之淺祇能進而不能退者識不足也古君子乘時自試利見大人則出吾仁吾礼吾義以宏濟乎蒼生而勳業爛焉德施普焉即不幸而際小人之道長值潛龍之弗用了然獨處遂其生

塵而有吾所居所行之素在寄甘優游以終老耳夬不肯顛
（一氣舒卷雄渾俱化烟雲）
倒隨時而消自鑠之耶也嗟乎得志不得志之際此可以覘所守
（通次者氣）
矣蓋人之歷出處而喪其生平者無他富貴艷於中而貧賤威武
迫於外也然富貴貧賤威武豈力能制我哉我之居不安立不固
行不堅則未與之接而先靡一與之接而立變矣若夫積理以自
固理足則氣充守道以自尊道伸則物屈縱任富貴貧賤威武之
（一句折轉已）
百出相加而斷斷乎其有不淫不移不屈者何也素所自樹立使
（足）（神來氣來）
然也嗚呼聖人既往豪傑猶與王者不作名世自在高明光大之
志浩浩乎與天為徒精明強固之操落落焉與古為偶經綸雷雨

則為天下之文明蟄伏泥蟠則堪名山之不朽伊何人哉伊何人哉此之謂大丈夫而已矣彼儀衍者奮其私智抵掌侯王之庭彼自謂得志而不知其淫焉移焉屈焉者已久也有懷仁秉禮抱義之君子出方將遺之巾幗而予奈何妄許以大丈夫

全神注定末句而題中堆垛自奔赴腕下日光如寶鑑腕力如湛盧　廖南崖

居天下之

居則曰不　一節　潘宗洛

世無知賢之人、聖人設言之以觀其志焉、蓋諸賢患無知之者、不患或知之而無以應之也、子殆欲吾黨之各鳴其志耶、若以天下學問之人。豈能無志於功名哉。領三代以下之功名。甚不為庸衆人惜而獨以困真能學問之人。其故何也。世有非常之識。然後有蓋世之才。蓋世之才常有。而非常之識不常有。故雖有賢士祗困辱於草野。不獲展已之所長。然而其自命若何也。嗟乎。如吾二三子而猶然居耶。樹吾道之聲氣。而隱微共諒者。師友之外無人望吾道之用行而翅秉相招者。君相之求久絕。嗟乎。如吾二三子而猶然居卿士大夫以官為家、鮮不引得失為憂患至儒者急欲自試之心或未必不甚於慕爵祿重富貴之所為此無他其素所蓄積使然也一生之精神舉萃乎是而獨不能效一官焉雖彈琴咏歌聊足以自娛其遂能嘿嘿已乎知我終希則風雨晦明之夕有不勝其歎息者矣（知聞其声）（意氣激昂）太上以隱為務鮮不欲放廢於無能至儒者寔有幹濟之才又必不肯與友麋鹿侶木石者為伍此無他其素所期待不薄也國士之風烈絶異乎人而獨未及受一任焉雖著書立論亦足以自慰顧安能鬱鬱已乎知己乏人則空室蓬户之中有不禁其傷懷者矣（轉淬峭健）雖然世不吾知世之責也庸君時相之罪也

於二三子何與萬一幸而空谷之駒不終甘其芻束則慶茅茹之
彙征者容或有之當是時也主上既委重以社稷而我亦深許以
馳驅其與今日當事之臣有外患則無以應有內憂則無以應者
當必有異而獨計六官三百之屬何者足為我所建立斯不必驚
其名也古之人有居官以長其子孫而世其氏族者蓋有以焉耳（然以字佳）
萬一幸而有杕之杜猶獲采於道周則為升庸之常吉者容或有
之當是時也黎庶既喁然以慕義而我亦慨然以澄清其與今日
謀國之士有大事則不堪任有大典則不堪任者當必有異而獨
計蒼生君父之望何者乃為我所不愧斯非可虛其願也古之人

有勳烈以載於旂常而銘於彝鼎者。蓋有以焉耳。吾願二三子明以告我也。嗚呼。彼之空言不知見諸行事可知矣。然知爾之說。猶為或然也云耳。以數子之才而或終為宰。或不仕。又或為狂者。由此觀之。賢人之遇不遇固未可知。其所以自見則不可沒也。

胸中磊結吾別賞之

昂昂若千里之駒。非無黯然銷魂語。而風骨嶙峭。總無寒乞聲。固是晉仲連李太白第一流人物。

居則曰

亟其乘屋　有恒心　　文　集　周星彩

亟所務而重農功可知民心係於恒產矣夫乘屋之亟無非為播穀計即無非為恒產計也而民心所係不可讀詩而知其道乎今夫人室家之事偕疆理而經營要不外此心而已矣蓋心之不敢忽其居正心之不敢荒其業心之不敢荒其業正心之不敢敗其常佃田先謀安宅正德悉本厚生固可即牖戶綢繆一進驗夫群情所仰賴也于茅索綯民俗勤矣特念先王政貴有恒心斯無二用俾有幹有年於茲土鞠人謀人之保居豈慮有舍我穡事都而必為竭蹶不遑以圖之哉乃詩又繼詠之曰亟其乘屋其始播百穀蓬廬聊避雨風耳原非若芟柞勤勞務

追氣候顧惟有更重於我室者而此心奚敢偷哉汲汲焉變陶
復陶穴之舊補葺維精庶亦服爾耕得專其功於青疇綠壤舍
宇稽安婦子耳初不等耘耔作苦必赴天時顧惟有尤切於厥
居者而此心曷敢怠哉皇皇乎循取厲取鍛之規漂搖預計庶
告余春及克布其種於黑黍黃粱然則民之亟於乘因乎亟於
播其事為何如事其心為何如乎試觀我周家稼穡開基而
入執宮功必居納禾之後塞向墐戶不參于耜之間故其時幽
館生春四境勸農桑而樂利公堂介壽兆人獻羊酒而謳吟美
哉化之隆也苟非以當務為亟孰克宅心醞釀仰太和馴致
風俗同而道德一耶無他君所亟望於民者恒心而民所亟需
於君者恒產有則俱有臣不禁誦七月而悠然於其道矣秉彝

首屬民生書所以言有恒性也第禮義悅其懷端賴飽煖適其體故匠人營國而門閭創建不聞備川澮兼修非以道惟是為亟乎分禹甸於南東溥諸閭閻而皆徧而既富方穀百族共安耕鑿之天日用素全民質易所以訓行有恒也第力田下其詔始能孝弟升其秩故王制成篇而宮室視模未嘗與溝涂並畫非以道祇斯為亟乎服先疇之畎畝貽之孫子而長垂而食德飲和萬年猶沐太平之澤恒產之重如此君何不俯察民心而為之亟其所亟也

亟其乘屋

文存集　姚文柟

有不徒為屋計者而其乘轉亟矣夫屋之乘可以不亟也乃豳民於此若不可緩於乘者彼豈僅為屋計耶從來急其所不急者皆昧於所急者也而不知事雖見為不急而心實存其至急乃必舉所不急而先急之當此歲聿云暮迄可小休而乘其墉者象取諸升亦節其屋者義占夫豫則于時處處毋徒曰子姑徐徐也豳民之于茅索綯也豈唯是農功既畢樂蜡歆以祈年田事方終謀燕安而卒歲哉蓋汲汲焉為其屋計也故詩又繼詠之曰亟其乘屋賦束茅之句則包異於菁而拔連其茹何民之亟於晝也顧愛雖深於冬日破或歎乎秋風嗟此鵲居曷弗

宛轉而作牽蘿之補課料索之功繩先以辟而繩取其交何民之亟於宵也顧夜之績卷盡相從曰之作堂猶未肯誰瞻烏止曷勿綢繆而為徹土之謀於是程畚揭塗甃茨高非過雉勢較便於升墟寄亦同蝸工自省於築舍缺者補之墉慮其穿積者除之突宜於曲而且望衡對宇助可藉乎比隣穿窨修倉督豈煩乎田畯幽民若曰吾儕小[illegible]終歲勤動唯茲一畝之宮環堵之室聊以蔽風雨聊以安歌哭而已矣而敢不乘之而敢不亟之場圃而未築歟覩蠨蛸之在户未暇糞除遑曰予有室乎而今則亟矣幸獲引繩之便敢辭縮版之勞輪與非所望也請與歌板屋之章可也公功而工入歟聽鼛鼓於司徒時方度亂敢云及我私乎而今則亟矣宅自卜夫誅茅牆更加之蔽棘樸斵

亟其乘屋　姚文柟

而既勤也請無興仰屋之歎可也念沮洳俗傳陶穴猶仍營窟之風人所以病於土處也茲則突兀而見此屋矣豈必登屋以相呼而我愛吾廬不改此圭竇蓽門之舊況邠岐地苦嚴寒早為墐戶之計工所以休於霜降也茲則經始而戒勿亟矣亦既乘時以自效而入此室處已非復晝墁毀瓦之觀嗟乎敝廬無恙託繩樞甕牖以粗安撫斯屋也巡野亦有修廬罰豈等不毛之宅聚族於斯偕豚柵雞栖而並庇方其乘也揆日而占營室咎豈同不崀之城蓋乘屋終而播穀始矣民事顧可緩乎哉

點染風華盎然書味

驅經運古筆有鑪錘不同塗澤為工者

亟其乘屋其始播百穀

錢選集　張祥晉

誌乘屋之亟為播穀計也夫屋不亟於乘則不暇於乘矣百穀之播播豫計其始也為國者願無忘七月之詩且入息而敝廬如故出作而改歲將新嗟我農夫未遑安處已乃風雨漂搖造作難需於異日而星霜遞嬗菑畬又迫於來春撫戶牖而綢繆望田疇而繫戀一生勤動兩念兼營汔可小康無能為役矣于茅索綯豳民豈欲故為其勞哉曰有屋在陋室亦足以棲遲而豳地多寒難敝風霜於卒歲則屋故農人之要也葺蒯自補任披拂於平時豈當令序將更不欲增輝於蓬蓽陶穴聿徵其孔固而豳民尚樸不敢侈棟宇之宏規則乘屋又農人所憩也蘿薜

所垂既更除於此日豈為冬陽可愛無煩竭蹷乎胼胝以云乘屋非為屋計也而乘之則既亟矣聚而上者謂之升乘之哉升高必自下卒瘏未嘗鳴瘁也然不獨此夫農人料稔占豐每登眺而仰觀星漢因乘屋而見河鼓東躔知來歲可無淫雨南箕噏舌卜詰朝必有長風相望歡呼而疆場之綺紛其力齊則其功倍速勤劬之下不憚煩勞已當其可者之謂時亟之哉時乎不再來轉瞬復圖本業也然不特此夫農人迎神飲蜡每愉樂而相餉酒漿因乘屋而思蟋蟀既歌不煩聽司空之詔鳴鳩未拂早與談月令之書交為鼓勵而閭閻之相比其事迫則其課彌勤凡瘁之餘倍形欣悦已百穀之播猶有待也而幽民早念及其始已夏之耘秋之穫未嘗不並重夫歲功而較之其始則

後矣。水澤腹堅，早計農功於南畝，土膏脈起，爰興穡事於東臯
使小人間舍未完，則顧其室而頹然，必秉厥耜而慨然也。奚其
可唯茅檐既葺，則入賞吾廬之雨，出耕我隴之雲，觀綉壤於龍
鱗，允卜告成於萬寶，瓜之唪，桑之柔，未嘗不足資於日用而較
之百穀，則微矣。與土並重，禹謨修六府之經，居貨之先，洪範詳
八政之典，使草野興居未適，則仰致嗟於懸磬，即俯不樂夫荷
鋤也。奚其可惟茅舍已修，則田功不奪於宮功，居我更謀夫食
我，俯平疇於萬井，共徵大有於千箱，為國者其可或忘農事哉。
騷才賦手，秀骨珊珊

亟其乘屋其始　　貫珠集　劉玉衡

乘屋之亟因其始而亟也夫非有尤亟者乘屋何若是其亟也觀其所亟非為其始而亟哉嘗讀易上棟下宇取諸大壯大壯者二月之卦天地始和之一候也乃若事本寬而若迫人事者塗茨不懈於冬初時雖迫而尚寬懔天時者歷指旱籌夫春及切綢繆於爾室而目前之事欲寬而終不敢寬來歲之時未迫而已如將迫矣何以于茅又必索綯哉誠以宵為晝之終勤其始尤恐怠其終也宵為晝之繼策於始尤恐荒於繼也所以競競若此者豈徒為屋計哉而正宜先為屋計也於焉乘之奈何不亟我周家陶穴開基輪奐距崇夫壯美然不求其美者必

防其壞也且古人計慮常周每有意不始於此而功必始於此者乘屋特其緣起也而補葺宜勤暫避冰霜之凜冽我幽民窮檐託迹黝腹豈事夫光華然不尚其華者必完其樸也且小民圖維常密固有謀不始於此而事實始於此者乘屋特其先圖也而彌縫宜豫無任風雨之漂搖屋之乘也誠至亟也然而乘屋果因何而亟哉大抵人之度務也有所當亟者以係其念亦有所不亟者以縈其懷雖不亟者或可徐圖而有當亟者以驅之恐事或相因而至則當亟者或轉為不亟所紛故必預為圖之而亟其所不亟者早心惕於至亟之一時斯須即至抑凡人之圖功也有所尤亟者以惕其神即有所並亟者以迫其勢雖並亟者祇屬旁及而有尤亟者以待之恐勢或相偪而來則尤

亟其乘屋其始　劉玉衡

亟昔且將為並亟所擾故必先為策之而亟其所並亟者倍神
馳於尤亟之一候轉盼欲臨所謂其始非耶始者終之週乘屋
之時正歲序將終之時也由其終以推其始或謂其時之尚遠
徐策之亦不為遲而豳民曰毋遲也欲留後日有餘之用必殫
今日拮据之勞則所以為其始計者真有一往莫追之懼始者
成之對乘屋之日正歲功既成之日也當其成而念其始或謂
其日之正多預籌之豈不為躁而豳民曰非躁也欲及時而少
乘違必先時而深籌畫則所以為其始謀者尤有稍縱即逝之
憂惟思其始乘屋愈不可不亟矣其亟之也實為播百穀亟也
民事之難緩不愈可知耶臣請圖豳風以進

始可與言詩已矣子曰夏禮吾能言之

丁未　于　辰

唯賢者可與言詩而深有慨于夏禮之能言也夫詩與禮皆聖人所樂言者也然必如子夏始可與言詩耳不然若夏禮者子豈不能言也哉且聖人以言教天下唯詩與禮爲兢兢然不唯其能言（挖詩礼起）也有可與言之士而後聖人得抒其能言之識如弟曰能言之而（首股洽）已雖隆古之制度儀文聖人何一不貫通乎其際哉昔子夏固深（伏筆）于禮者也自當代以遡古初莫不洞悉而深明之故吾黨能言禮者夫子而外首稱卜氏禮後一悟恍然見先王制禮之初心本于（大然）（另下宕）尚忠之微意焉意夫子於此當必慨然曰商也始可與言禮也然（清題界）

而子夏之悟自言詩始言詩而執乎詩〻之義所由晦也雖終日
上句不多作鋪排
言詩無益也言詩而不滯乎詩〻之旨所由出也雖不言詩而悟
已遠也信如商言則誠可與言詩哉乃吾謂可與言詩者莫如商
而能言詩者莫如夫子今夫詩與禮相表裏者也然而詩之失也
抑合詩礼上下
非一日之故矣肆夏天子所以享元侯也禮莫大焉而世用之于
鍛成一片
聘問文王兩君相見之樂也禮莫大焉而世以錫及大夫則詩亂
而禮亦因之而亂自有夫子出而言之刪詩之功成而訂禮之事
從夏詩落吳裏礼妙想天開
已思過半矣而惜也敘書斷自唐虞而刪詩并遺乎夏后則夏詩
亡夏禮將不復存乎而作之豈不因詩而立者有不因詩而立者

始可與言詩已矣子曰夏禮吾能言之（論語）　于辰

○結○構○精○警○非○徒○才

騶虞貍首所以誌射也鹿鳴四牡所以誌享也故詩存則禮存而詩與禮恒為一乃周官三百而紀載者無事乎詠歌周禮三千而纂録者無煩乎篇什故存禮不必以詩而詩與禮分為二吾夫子

○強○對○

○拖○詩○字○生○發

念明德之既遠思禹功之未衰式鄰禹迹商詩頌之纘禹之緒周詩詠之而忍聽其禮之湮沒久而無傳也哉故其自礼也固弗言

○随○東○随○挽○妙○極○自○然

也其可言也無弗能也又何必待可與言如子夏而後樂與之言

○挽○上○言○詩○精○文○相○生○古○致○錯○落

哉噫吾想夏王當日九功唯敘九敘唯歌其詩歌之盛當不殊于後世然而休助之詠僅見於謳吟塗山之銘不列於簡策其僅存者五子之歌而氣體又絶與雅頌不類故删詩成而授其序于子

沉欝曲折使筆都非恆語

夏而夏詩獨闕焉毋固夫子所痛心者也而特幸其禮之不亡已耳獨奈何無徵者又在於杞哉

不難作合詩禮難于處處雅切夏字乃不移掇到下句去針線為極密也其設色抒藻更自不從人間來震滄

扼定首尾全以議論融貫全題波瀾富有手法玲瓏顧恭壽

始可與　于

始可與言詩　言之　汪琬

許賢者以言詩而深有懷於夏禮焉蓋詩禮一也豈商能言詩而夫子獨不能言禮乎則姑自夏始且聖賢考古證今非言不為功（抝定兩言字）然而言之實難泥章句之文而不復旁通於他說者非善言者也（伏）致典章之制而不先寓意於古初者亦非善言者也昔子夏因詩（下自然）言禮而夫子慨然以起予許之則是語儀文而賤其末稱制作而溯其原商真能言之士哉而未盡也觸類而通者固可取今人之意以証古人之說使言之而失於拘牽則不可與旁引而悟者并可取古人之說以會今人之意使言之而流於凝滯則不可與而

國朝文選　上論　順治乙未　松筠堂

商也然乎哉然後知詩與禮之相通也言詩與言禮者之更相通

詩禮貫穿妙有根據

也宴享小禮也而為之贈答以示情聘問大禮也而為之詠歌以見志騶虞本射獵之詩也而用以為射節鵲巢本女子之詩也而用以為鄉飲酒禮穎悟如商可與言詩吾以為即可與言禮一夫禮

落下捷

所由來久矣自有虞以命伯夷而夏后氏仍之於是乎以夏禮著

說夏禮能穿入夏詩

蓋塗山之詩一作而夏始發祥此夏禮之所以盛也五子之詩再

此孔甲時逸詩與盛衰破斧無涉

作而夏始失德破斧之詩三作而夏遂淩夷以至於亡此夏禮之所以衰也迄於今觀河洛之長流則明德雖遠其軌物不猶堪稱述乎考王府之遺址則關石雖非其典則不猶堪誦說乎能言之

矣吾不知夫子又將誰與也（綰與字亦自然）厥後夫子刪詩首命子夏序之其於時代略備而夏獨闕如則夏詩之亡久矣猶幸而有禮然而是禮（天然波致）也玉步三改鼎物再遷舊服無恙耶遺規無恙耶果足使能言之夫子與及門諸儒娓娓言之不倦耶可慨也

拈兩言字作主而以詩禮貫串稍知文法者能為之也但中無卷軸徒以字面綰合詭云虛者實之實者虛之日言法而法不可問矣堯峰先生勃萃經史之學故於經藝小題亦以古文之筆行之波瀾意度非近日講慶曆者所能彷佛也集中不多載搭截題文存此以備一格　王學舒

言夏禮一段。將夏詩羅列穿入。此為一篇警策。自不可移入殷禮上去也。鬬筍接縫處。動與天隨。人力不與。洪蘇游

始可與　汪

始可與言詩已矣

邵　湘

許疑詩者以言詩以其不執一詩也夫子夏不能解詩而何自于言詩乎之許其可也非以其因詩而悟禮乎且所貫乎言詩之士者以其善疑也疑則能入乎詩之中又以其善悟也悟則能出乎詩之外

出乎有意與前許端木氏寓詩自別

夫能出乎詩之外則所言不必詩所言無非詩也而吾今乃得之于商夫說者謂商之言詩也近于贊詩何有乎禮而言及之而不知吾言所不及輒為商言之所讀言非詩而寔詩也說者謂商之言詩也

兩以綴亦善丁鼓能

過下深禮何關乎繪而言及之而不知吾言為商言所未及商言更

結句

為吾言所未及言去詩彌遠而乎詩彌近也蓋始可與言詩已矣夫

上論

房書小題全集　上論

言詩而不通乎詩之說者不可與言詩茲則言詩、中有繪焉言繪

詩已切寔

繪中有禮焉是繪所以言詩禮亦所以言詩也予唱于前而商和于

神情像逸高韶若有味

後先其中始有相與于無相與者今而後予始暢然也誰謂善詩者

不言詩也言詩而僅通乎詩之說者亦不可以言詩茲則繪為詩解

而以言繪者言詩焉禮為繪解而復以言禮者言繪焉是言詩一見

于繪中言詩再見于禮中也予之引伸在此而商之觸類在彼此其

精思深致

中又若有書不盡言而言不盡意者今而後予始曠然也誰謂言詩

必是詩也且世之言詩者吾感焉或賦菜鳴而不知或歌相鼠而不

鄉映帖視宗說

覺意中若初無一詩者而烏乎可而有如商之言詩乎詩得商而可

為知音我得商而可為同調繪為詩之義疏而禮則為詩之神解得斯意也經禮三百曲禮三千何在非詩哉即世之可與言詩者吾知之三鄉贈答以見志七子燕勞以言情意中若僅有一詩者而又安見其為可而果若商之言詩乎詩得商而可以論定我得商而可以旁稽以繪言詩於言約而虛而以禮言詩其言大肆而隱也推斯意也古詩三千外詩三百亦何詩不可言哉則謂予向者未嘗言詩而言詩特與商始可也

深刻出者顯拂紙上望而知為蘊藉人也若泛說引伸觸類可與言詩與前篇許子貢言詩別步步照顧禮後繪結起予灑脫

書小題全丹　上截

之文解題正復精切

始可與　剛

始有曰苟　三段

辛未　吳

隨所有而不累其心夫夫之善知止也夫由合而完而美增以人之心生也而荆俱以苟焉者淡之斯爲善處所有乎且處境者不患天下無遇乘之境也而患在我有迭起之情與境爲緣則情常遂於有餘而境遷形爲不足惜不顧情於境先而制情之道竊參困不役情於境後而處境之淡然得矣恬淡之神流露於意言最真耳吾何以善荆之居室哉蓋嘗於其處所有者而遇窺之矣日用飲食之事有前次焉相衍相排遞物者亦從容以觀其人之自受而勝人常急起而爭入之寧靜之胸則神殊暇也消息盈虛

之故有限制焉為贏為絀造物者直渾約以聽夫歡之自蔽而貪
夫必曲謀其盡殺諸簡淡之守則氣自平也今夫人之私所有也
古文氣渾時久渾則
其始中於不肯苟安之一心而存乎見少者即極之富焉猶不止
則夫合也完也美也相因而至者固人情乎而者則異是一凡積所
有以自封也已次非達觀者所萌之情特以室中之待索無多而
若讀
按次相稱應不僭于凌節制何托諸趣者悠悠乎任儻來之遇而
三集守路其所來路
於彼於此自適其蕭然無與之天將由始而少而富者境屢更而
此中良不迫也精華有遊衍之原非必故謝豈亨而携取之胥恬
素心時相喻矣一凡驚所有以自病也更知非關世者所操之識特

以室內之取盈莫禁滿閱時相誘或不厭於求詳推何奇談
落落乎存大略之觀而何有何無自新其聊可與娛之雅將所亂
合與完與美者時甫接而靡顧搖易酬也財求有自足之經營必
渴猶儉陋而現前之所習者味亦較親矣以是知數當自至彼亨
嘉原京獨漸於沖虛始進而步步積而富境之逼者已不勝夫跂
覩之捷而何肅復踰量以為程惟斟以羨位之義行之而銖積寸
累亦天不勞心得即寔以相歷之餘而確見為指名之可據業有
漸開即意象亦每轉移乎氣候由合而計及完由完而計及美情
之還者已不能為故見之仍而何堪覺圖端以相極惟斟以安止

之義貞之而繼長增高其神不溢則即此處以相摹之象而亦著有斷限而弗踰一排是心也寧復有必合必完必美之見攖其中者哉夫直曰苟如是ㄙ亦足耳其可以處所有者即并可以不必震所有者也而削之居室於是遠矣

（振○成○苟○字○有○神○無○跡）

渠今之思潘騎省之筆天才絕調那得不以此事相推　陳句山先生

每箇虛字俱有兩面實字之義完即曰字之神出苟字不攻自破矣毫髮無憾之作　嚴會魯

始舍之圉　三句　王全才

狀生魚者魚若生、巧于僞者也、夫圉々焉洋々焉、而悠然以逝、何其善狀生魚也、校人亦巧于僞哉、其反命意曰善哉主君之仁乎。不目覩夫物得生之形。固無以知主君愛物之仁也。然不詳言夫物得生之狀。又何以見小人善體主君愛物之心乎。日者承畜池之命。小人私竊惜之。謂人方臨淵而羨。主君何乃入網而投乎。但爲在殘隷。未敢妄獻烹鮮之策。用是臨波而徘徊焉。思乃主君嚴命。其欽舍也。則竟舍之矣。當其始迎波不去。神頽委而尚凝。得水形憔氣未伸而仍倦。傳其狀殆圉々焉。斯時也。非小人善體主君之仁則魚之困也幾以甦矣乃方攄議閒其氣稍舒瀠洄之致自領其神漸縱困瘁之形頓新想而像之何洋洋焉小人心喜其生熟察其形倘徉也不覺其暢遂矣游泳也立形其快適矣入淵也惟恐其不深矣彼魚也蓋已逝也且悠然而逝過此以往未之或知也君試臨波而觀魚而有知或者時形其悠然之致以彰主君之仁然恐亦終不可必得之矣

說得逼真則恐未必真矣傳神絕技

始舍之圉　所哉　　二名　牛問仁

巧于飾魚之生、以為不遂其生而不得也。蓋魚之得所自圉〻洋
洋至攸然而逝止矣、校人飾之、宜于產從而嘆之哉。嘗思物以遂
生為樂而當失所之後則遂其生者為倍难乃有生意已不可復
收賞齊下
識而生機若宛在目前機與機相觸而情亦適相慰已〻使焉畜之池
樹飾
于產圉奥魚之得所也而不知魚之不得其所也已、矣於人〻
拔得所逝入上丈草快智風
何以反命予蓋自其之生致死者而言釜中之游矣止有失所之
駭
憂而自其之死致生者而論濠上之遊遂顯繪一得所之象則且
就魚之生而歷〻援之今夫魚之始舍也乍免涸轍困者方趌驟

墨卷大醇　孟子　二丁廿二

得臨淵嚮者未暢其圉圉也尚不知有得所之適也未幾而態已稍異于前矣見其洋洋焉勞者已舒雖未離乎頳尾睞者乍覺已可溯其遊鱗至是而魚已幾于得所也乃轉瞬而是魚已不可識别矣當鷩餌之餘覺躍淵者亦可深恃謀藏身之國竟依蕭者尚屬苟安蓋至攸然逝而魚之得所至斯極矣而校人固已繪其始而校人固已飾其繼而校人固已要其終雖在子産能耳其說而易之哉物以任天而善返其故藉令魚之生有未遂即子産之心有未安今即魚之初末計之由圉得伸而在洛之樂幾若同于江湖凡物之始于憂危而終于悅豫若有如此魚之和以天倪也哉

翫辭

釣出得所

提出

閑合正背旋外有十分

物以適性而克償其初藉令校人狀魚之生有未安即子產生魚之心有未暢兮即魚之始終想之由困得亨而於物之珍亦止倖而脫網凡物之獲出望外而適在人意中者有如此魚之與水相忘也哉是在校人逆機以善道而以泳以游幾莫解其寫生之妙在子產即景以興懷而神怡心曠止自安其育物之常吾不知此詩之魚所謂圉圉洋洋攸然而逝者果何在也而子產意中之魚自若也

（以愛己之道求知己如矣）（微至）（回頭有情）

提得所字運化上截全題已融成一片落下自可直接無痕矣

隆萬遺法用之此等題最宜

圉圉焉

乙未　李文銳

狀魚之困能盡始舍之情焉蓋魚困未舒無爲貴畜矣而狀其始舍之情則圉圉在所必至耳反命曰臣聞生於水者安於水故魚之爲物也離水則困依水則舒乃不謂濡沫之餘雖于沼而于沚（工警）（情理語得可歎以方消息）猶若亡而若死也試言其始舍之乎夫人情勞則思息而既息之餘覺其形容之憊人固有之物亦宜然矣抑人情困則必反而既反之後益彰其況瘁之苦人何以堪物猶如此矣（管語對漢文）第見其圉圉焉魚本無知而性則能躍故常出乎水以縱容乃是魚以驚解之（應出字刻劃圓）故若動極而靜欲去也而還留魚亦有機而情則善潛故常入乎

水以藏伏乃是魚於波流之淹若離而難合欲沉也而還浮永之
○應○入○字
所至魚亦至焉就其淺而就其深羣魚之所至是魚不至焉從流
上而從流下雖既予以得水之樂而尚未改其失水之憂蓋魚之
○翻○用
漁樊已甚矣則在沼而匪樂豈獨尾之赬焉矣今雖釋之以江湖
之地而未若其游泳之天籠魚之為生已蹙矣則縱壑之未舒豈
○易○對○詩
困罟之無水也乎是圉ゝ也使大夫矢魚而觀之或幾嘆生意之
已盡而小人臨淵以習之固稔知物情之可矜臣是時尚徘徊池
上而未敢遽反命也

圉ゝ二字刻畫盡致用筆雋妙絕似臨川

圉圉焉　　李文鋭

頭上句

狀魚之困盡始舍之情焉蓋魚困未舒無為貴畜矣而狀其始舍之情則圉圉所固然耳反命曰臣聞生于水者安于水故魚之為物也離水則困依水則舒乃不謂濡沫之餘雖于沼而下沚猶若生而若死也臣于始舍時見之夫人情勞則思息而既息之時信覺形神之倦人固有之物亦宜然矣抑人情困則必变而既變之後益彰況猝之容人猶如此物何以堪矣第見其圉圉焉魚雖無知而性則能躍故常出乎水以從容乃見魚也以驚餌之故若動極而靜欲去也而還留魚亦有機而情則善潜故常入乎水以藏

直起

形容工妙

善用譏筆

其苦都見

伏乃是魚也于波流之滴若離而難合欲沉也而還浮一水以所至魚亦至焉亦就其深姑就其淺羣魚之所至是魚不至焉亦能徙流而下（文中有命）先若從流而上一鮮既予以得水之樂而尚未改其失水之憂蓋魚之為勞已甚則在沼而非樂豈獨尾之頳焉矣乎一離罹之于滴漉之地而未若其游泳之天蓋魚之為生已蹙則縱壑而未（而腹如一致）舒豈同澤之無水也乎是圉圉也使大夫矢魚而觀之繞然生意之已盡而小人臨淵以俟之固知久涸之將蘇但是時徘徊池未敢瀆入命也

形容不竭而出之卷氣味溢于毫端使賡曆名公為之何以過也

始舍之圉　三句

吳端升

餙生魚之狀固如生者也，盖圉圉洋洋攸然者，生魚之畜固爾，校人餙之，不其如生矣乎。想其反命以為之死而致生者，大夫之仁之小，而有待者微物之性，小人自效命以來，始而愳既而喜，忽又如疑蓋。既生之而朝若有失也。方大夫之命畜此魚也，曰其舍之，惟小人之舍，奉令不違也，曰急舍之，彼罪若之禍，而轉之清波，縱之大壑，翁意舍旃舍旃，魚亦從此逝矣，而頓未能也。其操之也已虛，其釋之也未舒，呴以洪而濡以沫，若請命于垂斃之餘，轉之而蹶之，周猶示意于全軀之悅，所謂無生之樂，有死之心者，此也。

吳圉了矣乎，夫是以始

而懼也雖然且憐且冀之小人方目注焉而々能去也未幾魚生矣袁子

幸不入枯魚之肆且漸知得水之娛從事焉（刻劃）一番虛驚心定而歡

心泠將以潛而以游疑欲潛而欲躍其洋洋矣乎迴思圉圉之頃少（摸深）

焉耳斯時也魚知水之樂人亦知魚之樂小人方喜縱觀焉而已忽

（魫）（入化）不知魚之所在也魚與水相忘魚與人相避入淵恐不深在藻恐不

寂攸然一往求所為圉圉洋洋若不可待也豈魚也有知懲前計之

（妙）未工忘今日之在沼放為吠影響咻咻乎竊恐大夫若問生魚其將

何以精手也夫是以異而忽又知疑也蓋其圉圉也受之以困洋洋

也受之以後攸然則既濟矣今于一魚之生亦自識有性命焉而大

夫以爲何如也。
好句如仙。七雲
體物工矣。尤難其傾液瀲灩。得此大雅。周紹濂

㢠之

始舍之圉圉焉

江南鄉學院科入　沈英

元和縣學第二

魚入水而未舒始舍之時固然矣夫魚之閑閑豈魚之性哉而囿

形其始舍時其狀固有然者耳且校人烹魚之後魚已無生之氣

（加選）（恰切）

久寧得曰畜之池中而猶有圉圉而未舒者乎然而生機未暢尚留

（圉圉）（所謂洋洋悠以方）

拘苦也情生趣未呈猶然焦悴之狀當初畜之頃其情形固有如

（原評落句緊）

此乎而校人乃得竊此意以反命也以為甚哉魚之罹患已深也

向者承流而仰沫不與水相忘下浩蕩乎今則從鷩餌之餘而復

（甚妙）

受生全之賜雖在沼也亦能克樂矣甚喜哉　之顛連已甚也向者

隨流以揚波不與水共就其淺深乎今則解釜鬵之危而未歷來

瑞林四集　孟子　新兆

瑤林四集　孟子

鯀之望雖在藻也未即依蒲矣蓋始舍之則圉圉焉已耳一物莫患
帶定上句發意纔是而自可文
乎不適其性舍之者正所以適其性也乃若不知其爲舍而圉
頳悅同來喬之候或前而或却莫覩其尾之掉也之死而之生并
工於體狀
頳尾之暴也則一念及乎始舍夫圉熟視之而中多顧惜也已
物莫患乎未遂其生舍之者正所以遂其生也乃魚若忘乎其爲
舍而仰窺無殊方饑之時亦在于潜而仍帶頳尾之傷也既復于
是題景象
水而不啻涸轍之枯也則一思及乎始舍夫圉徐審之而不禁勞
李許文山有畫是圖而未舒
復也已第見水則靜也而魚亦與之爲靜停蓄于中流絶無自飾
之態諸諸夫一觀其洋洋游儻夫舍之之已晚乃水或動也而

魚亦氣之為動踟躕而上　絕無自主之形故小人一覩其圉圉

亦逌悔夫舍之之徒勞魚之覺也而始舍之魚則輾之而不寧

（刻○畫○）

若不延之淪漣同其安一之致魚善覺也而始舍之魚則抑之

（捕○放○而不驚）

一若與陂池之寧謐安其潛伏之常無俯仰自如之樂亦

（[illegible]○不○揭○）

（不○帖○）

無倏出自得之思寄江湖之遼若不見生意之所攔焉則甚可悯

者矣若乎始舍之會無躍躍奮迅之觀亦無暢遂恬愉之趣值寬

深之境若不見天機之鼓盪焉則甚可危者即在乎始舍之時蓋

（[illegible]○下○洋○）

其體乎水者既久則入乎水而不見為　雖其性善于泳游而

（然○從○始○舍○縱○出○所○以○關○　未○[illegible]○起○下○）

此時未能出其得乎水也方新則即乎　而未覺其快意雖其性

始舍之圉圉焉（孟子）　沈英

若于攸匿而此時不能也小人於此臨淵以俟惟恐終于圍々無以慰大夫舍之々願也乃洋々也攸然而逝也庶可永命于大夫歟

一穿延圍々吐々横恣筆々入神尤佳在粘連始舍想像出圍而來鋒情狀來的是始舍之圍々焉六字題文圍々焉一句題更所借不得昔之善畫魚而能畫其浮沉之態者高崧趙君也今之善賦魚而能肖其未逝之狀者元和沈子乎　黃孝存

入理入情已繪出一分錢元善稱爲魚寫家恐當讓席來者

始舍之圉圉焉

江蘇鄧宗師科入　宋宗元
元和縣學九名

以幽幽者狀魚其始舍固有然已夫使魚而果舍則其始亦未必不摩摩也乃校人則竟以是狀魚焉其說不已王欲想其反命若曰天下有由困而得舒之候亦有將舒而仍困之形蓋暢遂之情（琢句工雅）亘致之以漸而鬱結之況必除之以需乃今而知物之有被以恩者其漠然不動之縣歲無異于恩之未被者爾如日者生魚之命畜也小人敢不舍之以承大夫之命哉一物青當枯槁之後其施仁也較易然施之而見為易者正難之而為難者也溯息膏之下遂豈遂呈夫暢達之機一物清當憔悴之餘其感惠也倍深然感之（引起圓：吐詞精潤）

考卷文選二集　孟子

而獨為深者乃生之而尚有待者也憤盈澤于方加似未離乎涸
神肖
轍之苦臣于是猶憶始舍之時矣想夫欲舍生魚之心誠甚望
其有順逢之意無如順逢者之未可遽期乎忽也將進而既去之衛
刻畫精絕
彼之力欲轉而亦鮮掉尾之能則雖謂乎沼而于沚乎而且覺其
苦死而若生已即小人方舍是魚之際亦不料其有困頓之容無
如困頓者之即已見之于始也久依于水者固動而無静乍入于
五句下兩句知皆處用意之精
水者則静而無動故咸謂江湖之足樂也茲初不見其泳游以自
漾畢肖舊
逢已從而擬之蓋圉圉焉投之于所習也一似投之于所畏參差
荇藻之旁何其無衣以瀟之樂予之以所甘也反似予之以所

若江洲在沼之中何或躍或潛之象固而未通者其機耶轡而小舒者其氣耶而氣與机之所感固不得以一言概之然方其始之時則圉圉者固自若也而就淺就深幾致羨于生机之已盡迷而罔覺者其情耶抑而未揚者其貌耶而情與貌之所呈誠木能以一說擬之然方其舍之始則圉圉者固有然也而欲去仍留

（到底秀餘）（二比重入情）（落筆嗎又神）

且不僅同頳尾之言勞夫此圉圉也在小人矣魚而觀之固深恐以終于罔遠者致有負於主君之仁愛故當危眺望之際且不禁自孽而情疑抑此圉圉也在大夫傾耳聽之當應慮其終于濡滯者或以動夫漁人之欣羨而既離淺合之頃要祇是載沉而載

浮游至少則洋洋。極之悠然而逝。而後。此困困者。特其始舍則然耳。大夫其猶謂小人之負所托否乎。

章法次第有條不紊。而數采鍊詞。妙在不染俗韻。此為小場利器。

始舍　宗

始舍之　法檟

以魚為舍者徒舍于校人之言也夫魚已烹矣何復以為始舍之乎
君子曰是可以知校人之偽想其意謂大夫之以畜魚命小人也小
人惟恐任職之不效以貽大夫憂故當受命之始若以魚之舍為大
（口角便捷）
夫疑亦復為生魚疑者而今卒矣庶有以報命矣想饋者之進是魚
（從饋魚者說起）
也豈不以我有嘉魚可佐鼎烹之養則溉之釜鬵固其所也而何計
（反接二比校人之自占地步）
其舍之也抑豈不以魚鹿于留足供匕箸之需則調之鼎俎人甚便
（頓宕舍之二字）
也殊不料其舍之也然而小人既承大夫之命則竟舍之矣念烹鮮
之足樂誰無式燕之情假令大夫舍而小人或不欲舍誰大夫亦無
（旋語抑目情）
如小人何也而小人不敢也在淵在渚實之夫解網之息亦何歉以

受任不終者致傷大德乎舍旃舍旃且姑目而觀之矣思甘旨之可
娛讒獨無朵頤之慕假令大夫舍而小人或遲迴以舍諒魚亦無如　自是
校人供狀
小人何也而小人不忍也依藻依蒲人生魚固有之性亦何敢以爲
諧　恰是始舍人情　亦若亦
德不戶者致戾物情乎舍旃舍旃且付去以送之悠然則魚亦幸而
餽于大夫之耳假令不餽大夫將釜中之泣所不免矣則魚而有知諒
是金乎產色喜　古雅絕倫
必感大夫之德且亦幸而命之小人耳假令不命小人將棹魚之索
奚何及矣則魚而有知應亦戴小人之德抑更有念焉如棠之觀哉
二意尤雅束所思真以華累爲陵戲
于淵簡偶異日者或臨淵而寓目大夫必指而謂曰是魚也殆舍于
校人之魚也則小人之功良不虛矣抑始漁之典詳於月令倘他日
全于題外騰亦
嘗致舉網而來思大夫必顧而喜曰是魚也殆校人所舍之魚也則

始舍之

法

小人之言良不謬矣。皆不具論。第以魚而始舍。則非同于未舍之際。（貌逼下）不勝頹尾之勞。抑魚而始舍。又豈同于既舍之餘。遂有泳游之樂。小人于是舍之于手。不忍舍之于目。雖絪久之而魚乃攸然逝也。謹詳繇其狀以聞。（結面有餘韻）

兼未舍前作一番躊躇。兼方舍時作一番欣喜。兼既舍後作一番掺翻。句句是為國大夫題總。無句句是校人自己居功飾偽為真口角。何其活現耶。仇滄柱

圉圉焉

安徽觀宗師歲試
懷遠縣學一名　宮廷樑

飾為物之未舒者、其形已曲肖矣、夫圉圉者生魚之情、亦魚不慮
生之情也、校人狀始舍之魚如此、且自人心之偽也、每巧構為形
似之言而寫物之工者、必先擬其困頓之象、如子產命校人以畜
所饋之魚、之死而致生之囿、早有一始舍之狀在其目中、而校人、
乃適如子產之意以來告也、曰予承大夫命以畜池魚也、蓋嘗凝
眸久之、畜魚之事、歷歷俱可覆述、而小臣所極不忘者、則在始舍
之時、猶未敢必魚之果得生也、（從池字舒波）濠梁魚樂也、豈不思浩蕩之覓而
為是拘拘者乎、痛驚鮮之未幾、欲揚鬐而不得、故未能稍甦其困

也沿沚亦魚樂也豈不知泳游之趣而為是戲戲若乎嘆濡沫之
幾何放清波而未展故不能蹤適其情也則見其依蒲而未躍於
淵在沼而亦匪克樂小臣從旁擬之竊以為圉圉焉想其失水也
寫意極工
久已知死之悲其得水也未解有生之樂得與失兩無所薄姑與
為浮沉焉爾水之靜也而魚亦與俱靜水之動也而魚亦與俱動
動與靜不能自持姑與為委蛇焉爾乎乍覩其形而殊難自慰也
衰餘生之無幾不僅如賴尾之歎矣尺寸可致而無以自轉於清
波不幾虛子大夫惠乎予今述其致而竊為魚幸也賴一息之尚
存不至為釜鬵之溉矣放乎中流而仍若自等於涸轍亦未知乎

小臣意乎凡物之偶離於困者其困未能以驟釋也昔之日相忘
代爲鮮說宛類如生
於江湖今之日見羅於網罟知網罟之苦而不解江湖之寬驚魂
莫定予小人亦憐之而無如何也抑物之暫即於舒者其舒不可
以驟覺也奉畜之前不免爲枯魚之索既畜之候豈即知爲川泳
之奇瀹瀹者極目如斯鱗鱗者與波上下喁噞未蘇予小人亦愛
之而莫能助也小臣斯時蓋凝眸久之乃覺圉圉者漸有生機而
可爲大夫告也

肖物之工在前後左右落筆昔人寫飛泉畫魚皆得此訣雅人
固有神契　原評

摹寫圖〻數語輙盡此文寫圖〻之形并寫圖〻之情寫圖〻之情形并寫校人之口吻肖貌傳神吳道子寫生手也　晏平三

父母唯其疾之憂

承上反命滚八脉真而詞潔

一入吮人口氣便有許多刺語花言以聳大夫之聽

始舍之圉　三句　　曹辰容

詧狀畜魚之情者亦猶思君之飾詞也夫圉圉也洋洋也悠然而逝也畜池之魚死乎可覩矣思君者之辭正類此今夫物之生也不生于其人之手而生於其人之口也不言其困而舒也其情弗能肖也不言其自舒而泳者其情弗堪憐也故如其人之口也則魚之自困而舒自舒而泳者如此也校人反命之詞蓋謂人之以魚饋大夫也人徒以口腹爱大夫耳其意非不善然而陋矣且人以生魚饋大夫也魚實以生全望大夫耳其事固難必也今幸矣大夫有命小人敬承意旨矣想大夫以畜魚命小人亦曰此茲水族一入淵焉而即

（沾○合○　蕩○頓○自○別○　不○滯○明○暢○分○毫○　陪○起○）

虛插一對正為下實寫之地亦是善于騰那之筆

當饗生魚入水之態幾乎逼手寫生之手曲肖其神原評謂其畧無俗氣亦能賞識其妙

翻後點染亦ㄗ亦雅

時習錄　下匠　鶴和庭讀本

遂其性也孰意魚之苦實甚而其性未遂之乎即小人奉命而畜之池竊恐惱窸潤轍即渡入淵焉而無敗汾也孰知魚之悠然甚（決入熬甚）而久之亦逸忽其悠乎方其始舍之也魚若未與水習欲煦而不能煦也欲沫而不能沫也吾鳥知夫魚亦不識為饋者之為之與夫畜（帶步則句入神）者之為之也圉圉焉在魚尚自分而不免也而觀者亦徘徊而不忍去當其少有間也魚乃漸與水親欲游而已得游也欲潛而已得潛也吾竊意夫魚之已知為畜者之為之決非饋者之為之矣洋洋焉在觀者已莫逆其所之也而但見其悠然而逝（更不添一字妙）維魚之幸得進乎造之天縱大夫之靈乃有向生之力而小人得以下吏少效微勞也造

何傷出居之言不啻上添毫大莫將不喜

饋者未識大夫之心而取之魚數不保在畜者曲体大夫之心而全之魚乃生還而鄭國咸謂執政仁及鱗介也今此之時令魚有知什（徐情絲繞）九而念大夫之德亦什一而不忘小人之力也而今而後鄭人化之大夫之門不復有饋生魚而煩大夫慮者矣

校人寫魚文寫校人之寫魚寫魚化寫校人亦化此為摹神極筆

孫子未

鬱陶思君是飾辭以欺其兄圉圉洋洋是飾辭以欺其主破承一口道破以後說出一片虛偽之言鄉子從生來頓令魚入水之態由圉而生活潑紙上是以寫生之手寫滑稽之口　劉羲五

時習錄　下孟　鶴和庭讀本

第二十三冊　卷六十八

始舍之圉圉焉　陸稼書

狀始舍之魚、一若其真舍之者焉、蓋魚未嘗舍、何有所謂始舍、更何有所謂圉圉、而校人則為予詳述之也、以天下之物由樂而之困者、於困也易見、由困而之樂者、其樂也難見、故游泳之勢一入於庖廚而已覺其不堪、庖廚之物復反之游泳而猶未覺其可樂、集、則為縣易而為德難、大抵如斯、乎小人承大夫之命以畜魚、今且得述其始舍之時矣、我不知魚之始入於網罟也、誰為取之而有是圉抑之患也、夫取之之與舍之也不將矣、我不知魚之始登於棠陛也、誰為獻之而且有刀俎之毒也、夫獻之之與舍之也、

議論甚大可細詞令妙品

先出始舍二字有情

將上字虛頂下字實領一句此必營

陸稼書先生真稿　此千

陸稼書先生真稿

不同過矣而也麗於罛罟令也反乎川澤一何其幸而魚若不知
二比處引閒圍意
此子
其幸而向也將調乎鼎鼐令也得依其蒲藻一何其樂而魚若不知
其樂自小人之偫魚而塋沼沚也竊自念曰洋游者其魚之性乎
於此一舍而吾可為之賦潛伏吾可為之歌躍淵矣乃何以始舍
閒中逗出方見他大有抵
之而大非小人所望也即大夫之攸魚而命小人也必自揣曰浩
渡
浩者其魚所歸乎有此一舍而魚可以無賴屋魚可以無在留矣
驚疑意
乃何以始舍之而更非大夫所料也則以其圉圉也一若其驚焉
寫其圉圉情景
者登陸以來自分於鼎俎亦明矣忽見夫流水之湯湯焉忽見夫
荇藻之參差焉魚何得不驚驚故圉圉乎一若其疑焉者無留以

來惟如有烹餼也久矣然有好生之大夫焉豈意有承命之小人焉然何得不疑疑故圉圉乎小人於此慨世變矣天下當衰極（推開說）而盛之時其民始享盛世之樂而未忘衰世之危猶之此魚乎故（小小喻意見大是先正咏嘆法）雅頌之聲不作於成康以前小人於此盛國事矣國家當亂極而治之時其民始嗜治國之政而未忘亂國之患猶之此魚乎故誰謳之謠不作於從政之初（勇刻）是非向也安而今也反危也危之極者遇履安而猶未能即忘也抑非向也[illegible]而今也反憂也憂之至者遇喜而猶未能即釋也今而後乃見其洋洋矣今而後乃見其攸然矣

偏是掉謊人情景逼真。偏是弄嘴人議論絕大。先生參透世情。自爾中吻究肖。從始舍所以閤胥之說。得入情入理。自然刻劃。他手着意描摹。終未免有痕迹也。

始舍之

始舍之圉圉　所哉　莊廷偉

觀校人之飾辭、鄭大夫亦不疑矣、夫圉圉洋洋、悠然而逝、魚之受困而生實有然者、子產而言得所、苴猶有疑焉者耶、且小人嘗有無情之辭、而聖賢無逆詐之道、無情而若有情、小人之巧也、不逆詐而受（已帶）詐大夫亦非拙也、知校人烹魚而反命在校人則以烹魚之欺而防（尾末二句筆亦靈爲生動）子產之知在子產斷不設一烹魚之想而待校人之薄惟子產不以烹魚疑校人圉不待其反命而已全其好生之念惟校人則以烹魚負子產必曲摹於反命而後不露其口腹之貪一想其言同日者大夫（總一筆得神）之以畜魚屬小人也小人惟恐不得當以為大夫憂蓋既畜之後而

華東樹小題大題中集

徘徊其際者久之始焉承鮮網之命為繼壑之舉則見其圉圉焉困

而未甦也小人曰已矣其虞大夫之惠矣少焉其氣漸蘇其天漸復

則見其洋洋焉習而少縱也小人曰意其有生之樂矣小人于此

不特瞬而見其意之舒更極目焉以觀其去之速則魚意欣然若逝

筆生動外見鋼之[illegible]用

矣校人之言如此吾想其情則悠哉也圉圉者何在洋洋者何在悠

筆不嫩前集

然而逝者何在不過以平日之所習見坊為之辭以亂大夫之聽然

而味其言則又甚確也圉圉者有之洋洋者有之悠然而逝者有之

初非以物情之所不然强為之說以動大夫之聽微子產亦以為得

所也曰得其所哉得其所哉向魚之在淵固甚得所也何受欺于饋

者而魚之生幾不免矣今而後還之沼沚之內是魚之得所也向魚之見獲已無望得所也雖幸全于翁者而魚之生亦幾犧矣今而徐從其泳游之樂是魚誠得所也（還他乃得所）夫子產固真以魚為得所哉推舍之之心惟以得所為期如校人言果得所矣而其意快矣（打着緊信而走竟）快哉不及察也推舍之之心猶以不得所為慮如校人言已得所矣而悉釋矣釋故無多求也要之事非目覩則懸揣之語終無以服其也往則緣飾之詞必無以詳其實見圉圉濡濡欣欣然而逝者魚固有若是焉耳

極大雅中妙能生氣湧出心瞭

兩兩相形。君子小人情態都能曲盡。煙墨駢粲。殆有化工。

始舍之　莊

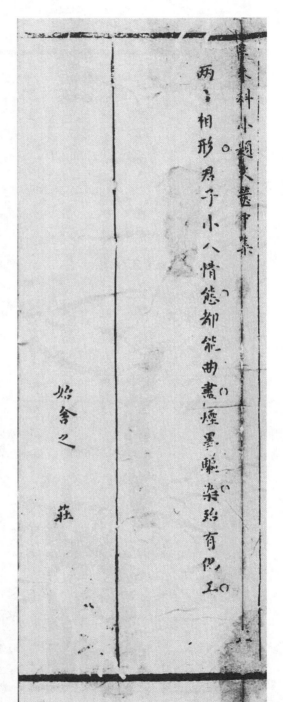

始舍之　得其所哉　張信

善揣大夫之恩者、大夫所不疑也、夫圉圉、洋洋、而攸然逝、固子產意中之生魚也。而校人乃歷擬之得所之嘆烏容已哉且天下物情之自然者其人情所共樂乎夫人亦何樂恆以物之樂其樂者為樂而物又何樂還以物之自然而然者為樂所有時亦或不然而肖物者適肖乎物之自然則人之期其然所適得其象者其益何如也一如校人烹魚之後乃可以欲子產畜魚之命哉夫魚之得水以生也所固然矣猶憶饋者之魚其生已竄于子產如有懲然不樂者校人從旁蓋微窺之其以烹魚反命也饋者之魚生而魚

濠上客折鄉為歎以其方伏豚
之生者自若也未舍之魚或不生而既舍之魚其生宛也于是
以魚之狀恐擬之其始也魚之生態未舒也鱗沉鬣潛踡跼焉
少焉而魚之生趣欲動也以游以泳、鯈從、、焉無何而魚之生意
盎然矣生機躍然矣攸然而逝杳不知其所之矣悠人之、其樂
微窺之而子產神若為之往目若為之送也久擄物情之思以側
入聽者不必揣聽者之意而惟審乎物所自具之情苟棲人之狀
魚而或似或不似也于產聽之不以為然即不必予產聽之而亦
下難圖
新以為不然矣蓋生魚自具之情固有在也棲人居之不疑乎產
懸之如響矣大抵人情之忽然快所慰者[illegible]若存意妙〻濩而實

非意計不到之事以校人之狀魚宛肖而無不曲肖也今但人舍（舍之不可欺）之而狀之不過如是即以子產自舍之而自狀之亦不過如是矣蓋子產意中之魚本如是也生魚之態若接于目愛魚之情如脫于口矣曰得其所哉得其所哉子產亦何疑于校人哉轉漽輒以清波而幸沐再生之賜魚之所以能樂其樂也溯中流而宛在而（結穴）適愜好生之心子產所以能樂魚之樂也蓋校人匹儷斯以生點之道來也

以愛兄之道來句作對面影以欺以其方句作本題魄真白如話元箸超超入主考原評

鄉墨

手寫本位。目注下文。能手優爲之。清空一氣。牟尼一筆妙殆得蒙莊所不傳。吳青于

始舍之

張

始舍之圉　三句　陳豫朋

之人善狀魚而其辭可聽矣夫生魚之狀固有是圉圉焉洋洋焉攸然而逝者而校人狀之最工豈不使聞之者足慰哉若曰日者大夫不以小人不識而尊使余畜魚也余承命以往懼魚之未必能生以負大夫之嘉惠余亦無以報大夫固徘徊求濟良久乃去幸也魚果生而其狀猶在小人目中也今敢為大夫告焉當大夫之得生魚而不忍其困也而畜之池蓋魚本有是攸然者而大夫望魚之復還其攸然也縱臣亦望之曰庶其攸然乎且逝乎然而魚之離夫水也久矣其困也亦已甚矣羣魚方動盪而揚波而斯魚也獨浮沉而呴沫

聲口俏肖

倒起

閑閑二字工妙

本朝歷科小題文選　孟子　甲戌

本朝歷科小題文選　孟子　甲戌

（倒敘）盖舍之〻始而魚之狀如此小人且疑且驚且冀幸於其後于是俟
之俄頃以觀其態而小人忽驚且喜曰幸矣圉〻焉者不復圉〻焉
矣雖未即相忘於水而樂而已漸得乎水而舒盖去舍之〻始未幾
而息之狀如此自是而見水不見魚矣所謂洋〻焉者已杳不知其
所之矣以泳以游入水惟恐不深也盖至是而果攸然而果攸然而
逝余又俟之良久而竟不出也此大夫之德意而余不敢亦無負所（用得恰好）
候乎于是余臨池而嘆亦得意而歸盖魚樂其樂而臣亦樂魚之樂
則大夫亦必樂臣之樂魚之樂也

張西江作照下可歎以其方句落〻寫大意圓極超妙然他手致

之趣恐出筆太易若此文之逐句摹擬步步入神方是此題本色要之摹擬到逼真處政所謂可欺之方也○圉圉從少到句中點出洋洋從末向中點出亦殊巧妙

始舍之

陳

始舍之　三句

校人善狀魚而其辭可聽矣夫生魚之狀固有是圉圉焉洋洋焉攸然而逝者而校人狀之最工豈不使聞之者足慰哉若曰日者大夫不以小人不敏而辱使余畜魚也余承命以往懼魚之未必能生以負大夫之嘉惠余亦無以報大夫因俳徊水濱良久乃去（声情俯肖）幸也魚果生而其狀猶在小人目中也今敢爲大夫告焉當大夫之得生魚而不忍其困也而畜之池蓋魚未肯是攸然者而大夫（有聲自當如此非率爾例）望魚之復還其攸然也（補也）維圉亦望之曰庶其攸然乎且逝乎然而（圉圉二字工妙）魚之離夫水也久矣其困也亦已甚矣羣魚方動盪而揚波而斯

魚也。獨浮沉而呴沫。蓋含之始而魚之狀如此。小人且疑且慮。（少則二字一波）且冀幸於其後。於是俟之俄頃。以觀其態。而小人忽驚且喜曰。幸矣。圉圉焉者不復圉圉焉矣。雖未即相忘於水而樂。而已漸得乎水而舒。蓋去含之始。未幾而魚之狀如此。自是而見水不見魚矣。所謂洋洋焉者。已杳不知其所之矣。以泳以游。入水惟恐不深也。蓋至（遙應）是而果攸然。而果攸然而逝。余久俟之（傳神）良久。而竟不出。此大夫之德意。而余不敏。亦無負所使乎。於是余臨池而嘆。亦得意而歸。蓋魚樂其樂。而臣亦樂魚之樂。即大夫亦必樂臣之樂魚之樂也。

如脫於口。更勝前輩名作。韓慕廬先生

始舍之

圉圉焉意

蕭作謙

魚困未舒，校人先飾其狀焉。夫魚已潑然，安有所謂圉圉乎，而校人以此飾始舍之狀也。亦巧矣哉。且從來無僞之聖人，而偏多飾情之小人。小人者，無所不僞者也。飾乎己之情，因而飾乎物之情。且即先飾乎物之將死而欲生之情，則如校人之烹魚而反命子產也，以爲大夫今日者當見小人之返而色喜矣。魚舍矣，然而始舍之也，小人竊有憂慮。彼夫魚之未受困也，縱江湖以游泳，抑何適也。一自入敝者之手，則雖俯首以求生，而既觳觫之莫任。迨夫饋者之致以魚也，托承筐之是將以脩鮮也，雖幸入大之庭，不難曳尾以請命。

○夾○敍○偏○直○起○勢○峥○嶸

○未○脫○下○二○句

○扣○題○面

空中側映寫所一嘆神來

○鍊○字○不○測

○反○托○法

○曳○照○到○烹○食

次第

考卷康熙 下孟 江西南康府都昌縣一名

考卷康膺　十名　江西［illegible］昌縣一名

要亦喘息之何伸蓋魚既失水矣失而復（一○轉○　兩○轉○）魚將樂焉乃不以為樂而仍覺其苦非苦于水也吾夫向之失水為已久也魚既離水矣游（三○轉　四○轉）而微含魚將舒焉乃不見其舒而還微其困非水困之也困于水與之離已闕時也好潛者魚之性此時則何能潛而首若不能顧其尾（落○于○焉○渚○段○整○妙○）尾蒼不能顧其首闇闇焉如衆于吞餌之際而其性鬱鬱以難開好（于○傳○神○　點○題○亦○清○）躍者魚之情此時更何鑑躍內欲動而外莫能運勢欲傾而力莫能（寫○生○妙○手○）持圉圉焉如納諸淵藪之中而其情鬱鬱以鱉鯈雖池多嘉魚小人有目可得而見而所得見于目者獨此圉圉之魚也即池多嘉魚（承接落小○一段字）小人有心不可得而羨乃可羨而仍不敢羨者今此圉圉之魚也夫

魚而實以圉圉呈也畜之池亦何益然此其魚之生機也機既動於

小人不晚視焉惟魚而不以圉圉終也小人乃可以報命以此其

生之始基也藝既始矣小人敢不姑待焉少則洋洋焉攸然而逝小

人願進而脩陳其嵩於大夫之前也噫彼校人者亦巧矣哉

璮瓏婉轉題神欲活讀此令人悟莊子觀魚之樂　洪鳴和

此節所引見得君子不可欺文能描寫校人口角於三字中露全

神認題獨刻　吳鑑堂

滌除塵蔓一歸雅馴小品中匠心貢妍之品　汪京門

第二十三冊　卷六十九

春秋

孝有因時而見者，則春秋可舉也。夫武周之孝，豈特見於春秋，而所以達其孝者，惟春秋爲耳。且使人子之於親，而必待霜露之零也，而悽愴焉，霜之濡也，而怵惕焉，以則過此以往，邈將晏然忘之乎。然情以漸而循深，時以感而忽至，歲月遞更，青容易再，正不禁其中懷以[illegible]也。而況武周之纘緒善述者乎。已[illegible]，心王往[illegible]之隕于今，思其[illegible]濈然思其玩好，而寂然[illegible]可[illegible]而遲之不可接也，如何者[illegible]思見而逮也，而武周曰：已矣，已春矣，已矣，孫矣，傷哉，親何往哉，至于[illegible]流又，記而無所依，思其嗜好而無由供，饋之以時，而俱撫惻，忽之不得所

緣也倏然轉更何晴而開也爲武闘同淋漓庶幾雛秋庶幾天北猶
是春也哉湖百卉之競妍撫天時之先王而處今日也
居青陽之左个方且停蓁撫謂對和風御膳
氣也而今安在哉則當斯春也有不禁其憐以懷者乃未
東風解凍也未幾而向溽將零也言念時而又已秋夫非
秋也哉感涼風之至聽寒蟬之忽使先王而至今存也方且省
總章之居衣白輅有白玉之服而披文繡以御軫寡樂盈寒以當新塗
也而今何如也則當斯秋也有不覺其神之黯以淡者乃忽聞而黃
條黃落又忽焉而萌蘖也言念此情以又已奔忽吾不知來春

未秋之先，其經世當更何如也。然言春而夏已可知也，言秋而冬又可知也。夫纂戶桑樞之子，而撫栝棬之猶存，亦因時以揮灑翔繼述之武周，而制作規模，不于春秋一見之哉。吾不知既春既秋而後，其想慕更復何如也。然祫而盡，而薦無儀盡也；秋有嘗而薦無睹嘗也。即岐陽服事之年，采蘋蘩于沼沚，且駿頌乎几筵，況武周之達孝而宗仰前人，豈于春秋獨廢之哉。一修也，陳也，設也，薦也，此春秋時大凡也。

鏡英振藻，足使楚騷無色。對曲香峰　吳寶崖

字字為下四句截斷，而絕不留寬，一筆筆在武周身上著想，故都在空際鮮艷之色，亦如謝家芙蓉，非顏延錯采比也。

吳荊山真稿

中所

春秋

河南一名王命甲

春秋有志事可進觀達孝之繼述矣蓋春秋一志事之所在也蓋繼述者當比能毋動念乎且夫祖考與孫子相繼体者也人業與天運相代謝者也時有榮落心切著存夫是故常人玩之聖人謹焉武周之繼述也念美業之將終知盛明之足畏怵惕惟勵夙夜以興式無替有夏歷年之久歷年華啟運之有命恩豈在人君子為善惟日不足乎其方履雨露旋履霜露致不察有讓二人志不忘乎冬夏世德求繩其祖武事必謹于春秋薦嘗以人事權天道而知值其日之載陽武周當之有啟運之樂焉以

百四十

天道權人事而知遇秋冬之肅穆武周觸之動告成之云焉我皆
玉陶復陶穴未有家室迨戊午渡河甲子昧爽而後乃云八斂爾
宇焉月異歲所以紀物也（志○命○新○具○志○利○文○雅○俗○紀○年○云）飛是固先王之寧亦文考之也皆幾趣
時而三后在天矣盤紀六言皆可接而敢弗休暢于上我先（疑○継○有○述○命）（如○蕊○鬯）
立乃疆乃里舉門有院知歷、六鮮原度其夕陽以還乃始執豕用
匏焉求雨節風經歷寒暑是固先王之勞亦文考之勞也曾幾何
時而六州歸化矣幣帛珠璧無與稱摩而胡弗悽愴于秋也蓋歲（如○対○越○神○風○雨○神○鬼○無○限）
序遷徙過而不留而人事可乘時以平其憾相始華而雁來賓勤（燕○至○生○色）
植之物皆析析以赴節而謂在上之靈無以將藉當非一飯再饋

之素履也而武周之撫時感事應不啻日昃之弗遑抑思功烈創
建發而彌光而天道亦隨時而多其助遠諸文而速諸勇土商之
儔尚輾轉以中情而謂問監之忱或有遺忠曷慰克長克君之神
風人付宮遠一往情深
明乎而武周之與世同心亦儼如鷄鳴之勤懇志無弗繼繩繩而
心有常事無不述時舊而制維新也而達孝通乎上下矣
相承善繼善述下斷如如如存眼光四射則本題二字俱風
華掩冉而文致緜緲使武周當日神情和盤托出之神移

第二十三冊　卷六十九

春秋修其祖　一節

浙江類學院代考　王象治
寧波府一等第三名

因時以致祭者無事不盡其誠焉蓋春秋者時物一變之候也修之陳之設之而因以薦之抑何曲盡其誠哉且孝子之於祖宗也日有祭月有祀固無時不動其昭格也而於天道變遷之候尤撫時而動惻然之心而於以盡其制焉於以備其物焉非過為周詳也其優見愾聞之意有於是而寄焉者也武周之善繼善述吾於春秋之祭徵之夫祠祭之植也以其物之尚約未可悉取而薦也然嘗鄉可勝其能睹句萌之達而不念我祖宗乎則維春有舉不獨因雨露之動悽愴之思也嘗祭之袷也以其物之告成可以畢取而薦也雖瓜苴可

京此注定時食兩春秋奇絕

亦新妙

本朝直省考卷篋中集　申甫

歟其能睹萬寶之登而不念我祖宗乎則維秋有舉不獨因霜露而
動林惕之思也雖然武周於此亦何敢以遽為薦哉祖廟者明之
所捿也我周七廟初崇何至以傾圯者深懷桶之悲然物以其常朝
仍其故不敢也修之而翬飛鳥革之間有參錯于几筵者其可以奉
簋而進乎宗器者手澤之所存也我周守祧有掌何至以朽蠹者重
主卷之罪然物趨于新器忘其舊不敢也陳之而天球玉鎮之旁有
告變于錡釜者其可以舉簋而前乎裳衣者靈爽之所懸也我周原
寢有藏何至以弁髦者開委棄之漸然物登于俎衣藏于笥不敢也
設之而衣冕驚冕之下有妥侑於皇尸者其可以洋乎而獻乎而武

則于是乎有時食之薦矣其味酸也其臭羶也春之所薦不同於秋而于犢頭肥鱐之外別有馨香其味辛也其臭腥也秋之所薦不同於春而於榛栗脯脩之餘更多芳潔所以備水土之產也所以順陰陽之宜也薦之春而見其脩焉陳焉設焉矣薦之秋而人見其脩焉陳焉設焉矣祖宗之相距不知閱幾春秋而檢諸水源木本之義則雖十歲之春秋僅同一旦祀典之奉行何代不與此春秋而出以感時嗜物之心則雖一歲之春秋已覺改觀甚矣孝之達也

回顧春秋有法

回挽上三句仍不脫春秋二字

逆取時食作線索提掇頓挫通體皆靈　原批

就春秋二字側串末句有意出新正見于理不累典雅之筆亦從書卷中來

本朝直省考卷篋中集　中庸

○○○春秋脩其　所親　　　文名　王鳴盛

制冋於廟中敘愛洽而先志慰矣夫春秋而有事於廟武周之繼述所寓也故立制所以依與禮樂隱合先王則尊親兩無憾耳且吾嘗上溯虞廷饗保之盛而繆然于武周繼述之　且遐思于側陋者為前人創所未經而法制肇古今之始作者自為上世擴所欲為而歡心合上下之和蓋仁率親而[illegible]祖無非為在帝之靈默消怨恫而與為同符也已何則論救也邪維以○○[illegible]階循是而陽俎豆春咸太室依然汝汝復乃蘋蘩裸將大異復陶之風雨自戊午發洊而後觴豪齡而

和鄉試文起

有道曾孫卜瀍澗以来同乃無媿克家肖子故堂構

永念敢忘卜筮之諮諏蓋其事無論以不禘祭之分

未祭將祭之頃武周爰體文王心而定制于廟中春雨

再降履之而怵然也增高丕為二廟廣壇墠然以堂又祖在則皆

以廟統之念昔先王所入廟而肅容起敬者人而後愈認真敬

廟宇聿隆燦然刀璧琬琰之掌衣冠無恙脩致以水草之菹祖

廟脩而宗器陳裳衣設而時食薦陳幾宗祊常供聊示挈攜之可

守若為羣昭若為羣穆對之而愀然也始祖之廟為百世不遷之

宗始親之廟為五世則遷之宗而廟在則皆以宗其之念昔先王

所入廟而藹然相愛者何人而寧容膜視歟縲之係屬之曰洪瞻

踈散之陳為黃髮為垂髫皆叶德造之選昭穆貴賤之有分事賢

老幼之有等庶幾決踰祚類用於盼蠁之地通斯時也天子穆穆

○亖○筆○為○中○流○峯○柱○積○三○句○蟠○而○上○尖○然○有

制度煌煌位定而禮成禮成而樂舉揆之先王之志事皆肯遠

焉者乎然而武周于此已不啻文考自為發之行之奏之者何也

○龍○飛○鳳○舞○而○到

愛敬之忱一文考尊親之意也尊不在分形而在同氣綜入自

門東入自門西而廟貌與天球爭燦龍章與鳥篆偕暎則琛然見

○有○情○有○文○亦○飄○然○動

筵伸瞻懷循猶是疑門閶聯之情故其於祖禰皆升主奉位禮祭

○筆○亦○浸○入○森

以尊焉者也而秋大嘗以龍旂得不揚神明之宛在乎不在虛文

而生至性念兹君在阼階后在西房而舉治耶斯庵靡遺奠爵肇斯號敷重奏將兄弟方來昏姻無袞讌然膝下睠衣之慕故奴子童孫皆先王即位礼樂以親焉者也而達蕭少于墉庭即數惠澤之涵濡蓋聯上下為一體而致愛致慤先之不外此例幾有懷之意所積而流華幽明于一心而以妥以侑武周亦推此通微合漢之忱所凝而露繼述之善如此而孝有不足哉

膏古自豪華酣墨飽方亭上

高文典冊用相如胸羅千秋目空四海鳳噦于此日置不小大

文異水而湧泉華非秋而垂露處處對定繼述尤為燾不蓋彝泉劍

春秋修其　所親

乾隆丁卯江南　王鳴盛　六名

制以下廟中敬愛悵而先志慰矣。夫春秋而有事下廟，武周之纘述所寓也。彷立制周而位禮樂，隱合先王，則尊親兩無憾耳。且吾嘗上遡（來脈）虞廷饗保之盛，而穆然於武周繼述之善也。頓起于側陋者，為前人創所未經，而法制肇古今之始也。（借賓字上贈意高大）故侯封者為上世攜所欲為，而歡心合上下之和。孟仁率親而義率祖，無非為在帝之左靈默消愁恫而與為同符也已。何則？詒牧也郊雍以來，少饗東階猶是岐陽俎豆，奉盛太室，依然汝漢小侯，乃蘋蘩頓易而淫邑裸（鐘○鎛○發○金○石○）將大巽復昫之風，而自戊午駿奔而後，錫夢齡而獻胙，始足稱有

道曾孫小遲衎以來同乃無愧克家肖子故堂構重新而紹庭永念敬忘卜筮之諏諏盡其事無論時祭祫祭之分而其心必周未

貢注未二句

祭將祭之頃武周愛獻文王心而定制於廟中春雨作[illegible]霜再降履之而怵然也增高亞為二廟廣壇埠為九室而祖在則皆以廟統之念首先王所入廟而肅容祀敬者何以而奚恐惄置欽嘆

[illegible]詞斐亹

宇聿隆燦然刀璧琬琰之掌衣冠無恙修致陰陽水草之爼沮[illegible]修而宗器陳裳衣設而時食薦庶幾宗祏常供聊示挈瓶之可守若為群昭若為群穆對之而愀然也始祖之廟為百世不遷之宗

祖廟宗廟閑見洗發

始穀之廟為五世則遷之宗而廟在則皆以宗祧之念昔先王所

入廟而藹然相愛者何人而雍容陳視於絲之緌纓之自共歛矣
散之陳為黃髮為垂髫備叶德造之選昭穆貴賤之有分事賢者
幼之有等燕幾永錫祚類用昭於纘之堪通斯旨也天子穆之制
度焌焌位宗而禮成禮成而樂舉揆之先王之志事得毋有遺憾
者乎然而武周于此已不啻文考自為踐之之奕之者何也夫
一落千丈強
敬之忱一文考尊親之意也尊不在分形而在同跡今試入自門
春秋兩節與攝入來二句包舉無遺
東入自門西而廟貌與天球爭煥龍章與鳴寔偕陳則承須几筵
仰瞻榱桷猶是寢門問膳之情故高曾祖禰於先王奉位禮樂以
尊焉者也而承大禧以龍旂得不惕神明之宛在親不在虛文而

在至往今茲君在阼階后往西房而與治職斯夜譯府遺奠爵焉斯罍彝垂奏將兄弟方來昏姻無遠猶然膝下歡歡之慕亦如子童孫皆先王即位禮樂以親焉者也而達蕭光於墻屋亦如之微市澤之涵濡蓋聯上下為一體而致愛致敬先王不外此明發有懷之意所積而流萃幽明于一心而以妥以侑武周亦惟此通徵合

對○底○警○練

漠之忱所凝而露繼述之善如此而孝有不違哉

造五鳳樓手　鶴書兄

其音琅然其色斑然其氣沛然而上下鈎貫仍復細針密縷耶

待不推倒一時　曹薇衣

春秋　吉夢熊

春秋　吉夢熊

惟莘子能饗親舉春秋以槩祀典焉夫莘子不爭一歲不數見乎親略舉春秋而祀典之大於是乎在聞之禮有五經莫重於祭也者萃一己之精神與先王相見而因以萃先王之精神與祖考相通是不得以煩且怠者與也於丸本練日之忱展虛中之治而（起二點尊重分明）可約其候於春秋夫春秋何以關先人之志事哉春為陽中於物以生吾先人念祖考不及睹萬象之向榮也有如此春秋為陰中（拖忠東句法括勝許）萬物以成吾先人念祖考不及見織功之揫斂也有如此秋〻周誠善於繼述者兩露而怵然思命大宗伯瓣祀春之制而禴矣昉

此霜降而悽然感命大宗伯備秋嘗之典而烝冬昉此索形於

杳冥不可一日不備其官自先人朝於王所礿則不禘禘則不嘗

今昔不同憂勤來分外典雅分外沉筆

嘗則不烝每歲廢一時之祭時即祖考黙鑒夫圖事比功之不可

缺而當入室出戶有時少一人之在側傷已今用肆我烝烝將

於春秋法天道之貞復起元閉或間斷以踈視聽焉脩祀事於吉

詞清川峙

禴不可一塲而曠於禮自先人備牧西郊皇考以降祭以月顯於

命曲

而上祭以年壇墠之制今以祫四時無七廟之備此即祖考黙安

穩秀

於親盡即遠之無可解而當吉日良辰近代有高亞之忽諸竊已

今嗣無疆大歷服將於春秋見我祖之七世茂德罔所缺離以澨

怨。痛。焉。或疑群廟有分獻之文。行之一日而身不能遍。積之彌月
而事愈多。端可索。何不知春犢分於各廟。秋祫合於太廟。禮家自
有明文。抑武周六惟其分合之謂。而悉而數之曰春秋令主意者
當此自致其分明而鄭重。或疑時月有孤仲之制。依司馬之祓禴
而取仲。依夏令之閉蟄而取孟。何舛焉。不知孟月中氣以後。仲月
中氣以前。禮文可以起義。而武周不惟孤仲之謂。而渾而括之曰
春秋斯時。監者在此。宜何如則戒於神明。觀於修設陳薦
武周之致敬者周也。

深曲處全依當下典制托出。鮮梗處寔憑圖巾脉理寫来。緊周

房行書擇言

藻容骨重神集　陳非穎

春秋　二

春秋修其　二節

歲覆安溪縣學一等七名　李清駒

孝之達者制之備者也夫禮不周于祖宗則制不備而禮不周于子孫臣庶則制猶未備武周所為通上下而成秩乎且欲觀人之孝必觀其致禮于前人禮致是故大備而在天之靈罔怨恫焉（老筆）在廟之人樂駿奔焉故曰達也一代周善繼述於何見之於廟中見之（片石鎮山嶽）今夫宗廟之中是列祖列宗之所式臨也是子孫臣庶之所瞻仰也武周若曰於此而不用吾情烏乎用吾情四序遞遷咸致祀典而春秋之感人最深蓋雨露在春繁霜在秋精氣之既遠倘或有存於俯仰瞻視中者而能勿顧茲而惕然耶春氣漫延秋氣栗烈

神理之周浹當必有寄之冠裳俎豆間者而能勿念茲而皇然聊思之思之修焉陳焉設焉薦焉肅觀聽也昭世守也示無斁也言因時也如是而在天之靈尚其罔時怨而罔時恫哉然嚴對越於（土斷而）（川分）在天者又必觀奔走於在廟夫祭一人之事也而不第一人之事也當祭之舉諸姬在焉助祭之賓亦在焉而且貴者賤者賢者否者少者老者亦無不在焉煩然雜處之中或以狎而致褻或以競而生猜可若何而武周曰無慮也左昭右穆孫視乎祖諸姬秩然矣而由是九儀六幣辨之於在廷者亦辨之於公宗而由是中少（隨手安排正自整有法）中多辨之於澤宮者亦辨之于太廟而貴賤賢否秩然矣而由是

獻酬交錯主賓于弟各洗爵而揚觶而胥是皆言燕私諸父昆弟

各引年而尚齒而少者老老秩然矣煩然雜處之中有條而不紊

亦耦俱而無猜斯可謂盡制者乎蓋至是而列祖列宗式臨于上一氣呼應

者心始慰也子孫臣庶瞻仰于下者心亦慰也而武周之心亦無

不慰也故曰達也以姓起以此終

參差歷落擬諸踈影橫斜暗香浮動

翕清喚鮮不必爭新自爾吐棄一切　王罕皆

小橋流水曲巷微風最足深人延佇　何韋江

春秋修其　所親　　二名　吳玉鎔

詳紀典之通于上下者而愛敬之所致深矣益春秋諸典以致敬也宗廟諸禮以致愛也本先王而行之斯武周之曲為餘者欲且夫父母之所愛亦愛之父母之所敬亦敬之凡為人子者且然况以聖人而攬制作之權者乎故報本追遠之自上而推者其制隆而異觀錫類之恩自下而推者其澤溥而紀述之義於是乎見何則纘序其皇而後明堂配天以矣得致明禋之報而水源木本乃有睠之于在天陟降者所為由祖父以上溯高曾燕天昌後之來廣封衆建久矣其彰恩遇之隆而敬宗收族更有殷殷于懷見

優聞者所由既要務以上慰列考於是而春秋之剿不容已矣濡露而悽履霜而惕先王之心即武周之心也于焉塗壁逗濡之想示寶物典器之承而溫清勿缺于衣冠定省如親夫況鮑穆ミ

華冊衍括氣則鴻濟

乎外則盡物內則盡志而上治以稱者何其备固是而宗廟之禮

裁列妙燕[illegible]亦括

所必詳矣列上者昭北而穆南立下者前昭後穆先王之心即武周之心也于焉而孫獻散獻之必別執圖執瑁之攸分旅則右酬以逮子弟燕則以毛以崇父兄皇ミ乎有典有則孔惠孔時而下治以庶者何其備斯時也武周之所尊無不尊武周之所親無

暗帶位字

不親明堂清廟總以將仁人孝子之深衷乃尊者更有其所尊親

著焉有其所親樂僑樸明正以盡祇道紹聞之素志雖位服之思
對帶元樂 又俗
而三也裸獻之易而九也舞佾之易而六也為位為禮為樂似乎
位元樂作筆勢靜閒過下
天與先王之舊而昭發烈于後昆而侯服之不得不易也裸獻之
不得不易也舞佾之不得不易也為殘為行為奏不嘗率行先王
之舊而守與物于無驕故夫對越及于在天以孝以享代薦之
以致馨香則新典之盛舉正以德之纘承而假哉皇考從曲致其
歸美之辭而非以為諂一公尸繹其來寧而洗耳既嘉代詩以將
孝思則感者咸欲其述離者共變求常而秉之德默寓焉
其頌禱之文而非以為僭一言乎其為崇尊也

丁卯科鄉試　十九

以題節奏為我假啓。鯨高氣華。囊川昆湖間。彪幾里之。

原

春秋修其 二節　林正青

即分禮以觀孝上下咸達矣夫在上在下皆先人之志事所存也武
周于春秋宗廟善其繼述爲不謂之達孝也不可一今夫祭也者王者
之大典也上以此祖考下以樂臣庶故廟中有治天下之象爲苟其
易候而王創制顯庸而祀典有所未備不惟無以妥侑夫先靈亦何
以衆著于孝思之維則也歟乃觀武周當日祭祀之禮則大不然參
之名不厭其詳何也位尊則情靡所不達故不從略而從詳蒸之義
又獨致其厚何也分殊則恩易至于濟故不尚疎而尚厚試以春秋
言之筵語承歡渺不可得矣其如罔極歷思何于是制爲春秋之薦

八閩校士錄　歲　龍溪縣學一名　漳州

爲○繹其誠于四仲之中○以致其春露秋霜之感有祖廟也○修之以示維新爲有宗器也○陳之以昭世守爲有裳衣也○設之以嚴對越□□時食也薦之以肅梧捲爲不敢略也不敢褻也蓋兩聖人以仁人孝子之心顧宗子家相之位深求夫是饗是宜之意而以不忍不修之陳之設之薦之者通在天之陟降亦正以不忍不修之陳之設之薦之者大繼述之深情不然几筵俎豆亦徒循其迹而已烏足以見孝之達于上也載更以宗廟言之五世親盡廟已祧矣其如追遠崇緒般何何是制爲宗廟之禮爲將其悅于毀廟之中以篤夫同姓異姓之誼○有昭穆也○序之以示親親爲有爵有事也辨之以明尚貴尚賢焉

龍文百斛健筆縱橫

有賤也遠之以旅酬之儀焉有齒也序之以燕毛之典焉無或遺也
無或紊也蓋兩聖人以什伯庸衆之材力合子孫臣庶之歡心永垂
夫光前裕後之模而以不得不序之辨之逮之燕之者明薦馨之無
疏節亦正以不得不序之辨之遠之燕之者樂志事之有同心不然
登降駿奔亦第具其文而已焉足以言孝之達于下也執要之承世
德以大作求精誠可通夫先世合萬國以彰祀事福祚尤錫乎後昆
稱曰達孝豈其然乎
裁剪得宜鍊而還稱有玉山高并之勢

春秋修　林

第二十三冊　卷六十九

春秋　　杭樫

由春秋以徵總述、孝道與天時並著已。蓋一歲之序、春秋備之矣。武周之總述、殆有因是而彰其孝者乎、今夫孝子之事親也、固至義盡之為也。（精卓如乎）仁則合乎氣之義則符乎氣之肅孝思所篤矣。道寓焉已。故天地之令、常以生肅為然、孝子之心、每因霜露致感。蓋天有常道、孝無常思、而孝之所深、又未嘗不因乎天之所從也。武周總述之善于何見之、大士勲既集、崇孝享者始于。未駿奔會朝清明報功德者見于癸巳之籩豆祀典畢已胥矣。武周之心正未已也。人事之雍容也、今有新故相推之致、歷異時而

典制小題尋真集　中庸　雙松閣

與制小題尋真集　中　燮樅聞

安焉將日久而滋急矣所棗迎而焚對白露而茫然在帝左右
能勿怨惆乎物理之不常也每有乘除代謝之機或暫時焉
將冒昧以滋玩矣責答於而弗念擯棄觀流大而弗恩一此一天
圖極其又奚謝乎而武周則于春秋時有極不忘也春之壽威也
主于和和則有生之理焉物序于以天新歲功于焉托始觀生物
之功而生我之心則何日置也况青冕而迎春郊奇典始和布化
春官有書今昔先人獨能無僾闢慨見之思乎物欣欣以向榮
擬我先王忠厚之遺也已秋之爲氣也主乎歛歛則有成之義焉
萬寳于以登百材乎焉落實觀成物之德而成我之息又何哉

才人八〇中

意也況司馬詰武必以秋而厲司寇詰姦刑以秋而肅明發不寐
衛徐無致誠致愨之懷今亦歲序已云秋如見我先匡儀形之懷
此也且一言春則從事于春者必至青壇而秉耒于籍田奉爵之
副褘于蠶室此皆春日事也而總為春計也一言秋則預備于
秋者必深太牢為福衛之制農人有終歲之文母寄來至秋時事
也而正為秋計也且也三后居岐之日依然舍服也維春與秋有
相湯孫而歆奏鼓耳今日之致思成者何如乎以 知
也六州歸命之初猶吳曹孫也自春祖秋亦追世德而笑 耳
今日之詠肅雍者何如乎以此思之可知矣進觀其祭典之隆

典制小題尋真集　中庸　嬰松閣

而尊之達于時祭者固如此
敘六藝之芳潤纂以成章時花美女中不掩蒼堅之形。
丁未書、武成、丁祀于周　庶見上、越翼日、癸亥九：　示
廟卯向庚駿奔走　癸巳王朝步自周　口　青
緣　巫見山入室優然必有見乎其位出奉爵無見上世婦
後聞戶而聽嘅然必有聞乎歎息之聲卒祭奉前于
君子逐獻薦于夫人夫人逐　授秋而栽嘗而禮月
副褘而受之副褘衣也　稻衛稻衛註所以止爵登麥令農
衣而登

春秋　梲

春秋

杭建高

孝因時而著春與秋有足誌矣夫祭祀莫亟于春秋武周舉之足以微繼述矣孝不因是而彰乎且夫孝也者盡乎人而通乎天者也人事之靡定也有新故相推之致天時之運行也有今昔代謝之機而況孝乎之以有不撫時而動念者乎武周之繼述吾得觀之于春秋夫春主生而秋主肅興自高山棠作仁人久已謳歌追後德音著美孔邇興懷則我周八百之基何莫非仁風之廣播也此亦如陽和布令萬物皆遂其滋生得乎春之令居多耳又稽木拔道道四荒無不賓服以至績懋其勤功成釐旅則先王仁慈之內未嘗無刑威之震

提○維○其○旨○翻○所○見○者○大○却○自○切

旨○本○題○

有○感○領○看○下○節○語○意○方○不○遠○了○去

本位

即點

此就繼述作○翻文治太

工○後入正而便說○始○阻○后○發○議○起

發也此又如少昊司權萬物皆被其嚴肅而秋之意亦寓其中焉然

蕉云轉衛清把小語頭俱微開丁

則繼志述事亦何在不存而時當祭祀武周之心尤不敢安也屬在

寶

編氓亦深孝享之念豈神聖之裔也而無水源木本之思凡茲臣庶

均懷報本之誠寧孝德之胄也而無僾見愾聞之慕時維春矣蒞青

省亦共樂述中事

陽以出治則省耕所有事也然猶其後焉者矣武周若曰今何時哉

戴勝降矣土膏動矣我周以農事開基先王先公與斯民共胼胝之

從功德上說方合章意　圓妙

勞者方在此春而貽我後人得以荷天之寵也而今安往也雨露既

本位

濡殊動人以怵惕之思矣時維秋矣居總章以布化則省斂所必詳

也然猶其顯焉者矣武周若曰今何時哉大火流矣金風届矣我周

以穡事教民先王先公與斯民慶盈寧之盛者久在此秋而格茲來許皆以蒙業而安也而今安在也霜露既降益深人以悽愴之念矣感時序之遞遷則夏禴亦放享祀而必先之以春者蓋物貴原其所自始而人必反其所自生春者始生之象也觀于春而夏之禴可知矣慨流光之易邁則冬烝亦切孝思而必統之以秋者蓋物恒樂其所由成而人亦推其所由盛秋者物成之候也觀于秋而冬之烝可槩矣是可詳其祭祀之制焉

統六原非獨重春秋

從善繼善述貼合春秋方與武周關切天家氣象非馬醫夏畦之子撫時感物者可比也文筆亦委折清健　原評

此處文字不患無情致正患過于悽惋說得小樣耳此原評所以有天家氣象之云也蓋春秋所祭兼先王先公在內不獨禰廟一切撫時感物過作悽惋者頗疑其無當耳此篇情文相稱大雅不羣蓋得先民之遺則者　焦廣期

文貴得體得體方切凡聖賢高下古今盛衰之類皆當作如是觀　潘川

春秋　杭

春秋

金誠萬

祭與通於上下即春秋以約其綱焉夫祭制有等而上下可通祭名有別而春秋可貫記曰君子合諸天道春禘秋嘗故樂以迎來哀以送往則愴悽怵惕感於霜露於春與秋也祭之名其止於春秋乎雖然有辨蓋王者制祭於天下其度數不一矣而使上下忽如分以自盡夫要不外於春秋或曰四時皆祭言春秋以該夏與冬耳固然而猶未盡也習穹者之祭有時祭有時祫有大有禘時祭何詩所謂禴祠烝嘗定也虞及夏殷以來皆有四時而夏祭皆曰禘周則以祠易禘而時祭之定春秋云者言禴

而祠烝可該也王制曰天子祫嘗祫烝諸侯嘗祫烝(註疏)祫非時祫广
故天子春植而夏秋冬皆祫諸侯亦春犆而祫者僅秋冬焉
異於天子雖在夏禘一犆一祫(頤通／予上下)而四時固皆有祭則無不(斷)以
秋該之若夫五年而再殷祭殷祭者大祫也三年祫而五年再禘(本公羊傳)
天之置閏餘焉於是陳毀廟之主於是陳未毀廟之主皆合食於
太祖魯文公之二年有大事於太廟於時蓋秋也則大祫亦不外(註疏)(斷)
乎春秋可知獨是不王不禘諸侯不得與上下烏乎通然禮不云(本大傳)
乎諸侯及其太祖大夫士干祫及其高祖則降殺遠近亦本禘生(註疏)
而其時則明堂之[illegible]六月季夏以升歌獻于之言七月日至可有

事蓋即五年一禘而夏與秋有明文誰謂春秋不可括乎凡此皆

總收住　推開

言春秋以貫群祭者也抑不獨此古者春祈穀夏大雩秋明堂冬

以春秋貫可以概祭都該　以既終…　併郊社之祭亦可

圜邱即北郊方澤之禮亦在于夏至是推之祭天地亦總不出四

時之外而何疑於廟祭先祖之不可以春秋貫乎甚毋以春秋薦

應轉

為時祭也。

舊來講家以此一節為時祭下一節為祫祭或又以兩節都指

大祫不知大禘大祫時合時祭皆祭於始祖之廟皆有。　冬

廟也禘嘗等祭禮有隆殺時必春秋不獨上下節非止時

祫併不止大祫連禘祭都在內末節雖亦言郊社以見制作[illegible]

金遒十時文　[illegible]

遠說禘嘗之義非補出禘來也春秋一節已該禘嘗等祭十

則春秋二字乃兩節提綱侗儱言祭文臚列諸祭都納入

二字中髙文老識可以訂譌陳見復山長原評

一篇春秋祭義辨徵引典博考据詳明非故為翻案也魯雁門

讀書有識拘儒墨守疑贼一時推倒王罕皆

春秋　金

春秋脩其　所親　金誠萬

綏舉祀典皆體先王以達其愛敬也蓋春秋之制敬所尊也宗廟之制愛所親也皆本先王之位與禮樂繼述之善何如乎且王者隆祀事固將上邀聖祖神宗之鑒而下合子孫臣庶之歡其一時制度等威亦極條分而縷析矣故優焉游焉恰恰合適近以時薦祀而躋常襲故初非更創以薦前人撫舊典之討明深後遠清于上下耳武周繼述于何見之念先人入廟僾愾餘悲傷于霜露而一謂當身已杳然也則告我先公猶思視膳[illegible]之節今日者清廟加以密石七世觀瞻顧命自有數陳累傳未墜玉衣其無褻也賓膳

[illegible]

接下尊親[illegible]

金邇十時文　中庸

其盈前也問當年遷播以來猶然美備甚無傷烈祖以而陟降在
庭如召一十五年之馨欬思先人撫馭恩澤曾幾時而遺澤而茲
凡同臍懷楠也則儲吾儕類猶想痌瘝懷保之心今日之宗則
易散為整卻句佐飯為活
以六小列在左右來則森以玉帛別爾躬植戶階有所交也老幼
其錫福也問當年復陶家室聚會何如已大於從前望而駿奔在
廟如備千八百國之纘承蒸祀之制何其詳哉雖然須之天下固
簡、祭、圖、勳
創制以新崇報之文而行之武周祗服舊以通上下之意十三年
后人將記其作通冊獨融入下二句分
以前之對越猶然西伯侯封屢至廟之階致采蘋之獻歌南薌之
說寫來是際當乎淡
章而位與禮樂其尚依稀彷彿耶不知欲體先人以從著尊崇之

意則雖圭壂在東漁且在西而九獻陳而萬舞作豫之先人以測卄自應如此之情深文明也而神罔時恫即是當年肅肅何曾隔今日之河山一九十載已往之趨愴秩此奉璋髦士望都宮之舊條鷺羽之翿木吹籥之雅而位與禮樂何自旁推交通耶不知本先王人以曲致其賅貫之隱則雖納牲詔室血毛登堂而尸實祝而醉飽歌摧之先世之譙媛自留如是之周旋盡致也而相承肆祀依然昔日雍雍何自遠九州之笑語武周春秋之事宗廟之文宣本先王以達愛敬也如此而孝不更可言乎

格老氣蒼意精辭楨望而知為名手本房原評

局陣緊嚴元精中貫當玩其融題處别具鑪冶陳非颖

端莊流利剛健婀娜是真能以天崇之才運隆萬之法者 王堅曾

春秋脩 金

○○春秋修其　一節　　周士璵

時祭之典行、而孝思為無已焉、蓋春秋有未祭、武周之心必有默隱不安者、修之陳之設之薦之、孝思何無已耶、且孝子事親、一日不見則以為愁、其於祭也亦然、一時不舉、則亦有撫時而自惕者、若前人之於處服食、一一隱結於中、思之而如或見之、必不徒於之惝恍而無所據、故隨時以自將、而典祀於是乎行焉、吾言武周之繼述、試一徵之春秋之祭、凡祭不欲數、數則恐瀆也、故雖日居月諸、為時甚易、而此心之惻惻者、制必以時舉、而罔散越、祭不欲踈、太踈則苦曠也、故當迎來送往、為感甚迫、而此心之洞洞者、典即以時隆、而無容怠

南士鄉墨崇雅編　　剛齋

于是感春露而悽然也。履秋霜而愴然也。言有祖廟可聽其蘊乎言
有宗器可聽其失乎言有裳衣與時食可聽其委之弗顧漠不以供
睽違得睹理
乎天思其祖而不得見音容嗜好舉杳渺而無憑雖有懷楠而無以
宰其倫雖有法物而無以娛其目雖有衮冕黼黻而無以章其身遂
其口飫於歲序亦遂之際一寄其隱然無涯之痛亦安用是條物之
虛文為也武周之所既無以自安而思其祖而若或遇一事一物之
觸目而心傷無以寧其體而莊廢此懷楠無以娛其目而並棄此法
物無以章其身遂其口而並忘此衮冕黼黻當此節候是届之日一
視為空存無用之數亦安用是孝享之虛願為也武周之心更自難

雲是故丹頀生色以示新也修之者有然大寶時至以示守也陳者有然繢繡爍列儼然如在也設之不容已矣烹鮮是將以人亦神也薦之不容已矣凡此者皆周時而觸託物見志以發其孝思於不匱也而武周之祀事猶有不盡於此者

思其祖二股一開一合寫得淋漓盡致惻惻動人周君絕妙好詞

汪武書

題儘有可填寫此獨脫盡故方以虛運寔深得化板之妙

第二十三冊　卷六十九

春秋修其　一節　　寧波　周春先

觀時祭之制歷歷如見先王焉夫祭不一而春秋則其時最著者也
陳也課與薦也不遐見其繼述之善乎且後人不及見前人而然無
情於祭蓋亦大不獲已矣而或時過而輒忘也此情所以自致乎無
使俾致之矣而一歲之中不能曲體其情而豬之多端以致焉亦
不知其於前人之心果能快然否也而武周則無慮此其所為達而
上者為寢為祧均不忘也而七世之廟可以觀德則先從乎其道焉
其所為進而格者一世百世長無窮也而四時之祭益以達情則更
備乎其物焉蓋人本乎祖而不知所報即一日亦愧神明而況終三

肎之久然既知所報即日〻彌深怵降而況僾三月之交武周於是殷然念矣時而春也寔〻者如相告也而可廢所享即自春徂夏其準此矣時而秋也淒〻者如將見也而敢失所歆即自秋徂冬其視此矣然而武周於此若皝〻乎有所慎者何也前代之流澤長矣累世承藉以來念我居而恤之念我守而貽之念我飢我寒而衣之食之（一寫文王心中刻劃如此一寫武周心中文王曲折旁皇令人黯然）此意固先人感嘆不置者也寧于今而或有遺也後人之繼紹殷矣承先裕後以來思其所處而悅接之思其所玩而又接之思其所被所嗜而無不接之此意又後人曲為諒之者也寧于今而或有間也故有致孝於未祭之先者雖曰黝堊之功素加飭也而臨時偏如

斂綢繆焉有致孝於分祭之時者雖曰器物之細亦皆文也而對越
不忘夫駿薦焉彼巍然者祖廟耶懼其圯焉而貽神之恫也於是乎
修之彼燦然者宗器耶懼其失焉而棄前之業也於是乎陳之彼鏗
然飶然者裳衣耶薦食耶懼其不備不潔而無以進也於是乎設之
薦之〻數者為設為陳猶是當年之物而所修所薦非夫舊日之樸
則於春露秋霜之際而非〻乎其咸具者後世莫不嘆創垂之無缺
也而武周亦當謂吾創之也曰廉可告無罪于穆考焉耳即所修所
薦已有更變之端而為設為陳不改先朝之緒則於春和秋肅之辰
而洞〻乎罔不惕者旁觀莫不嘆念祖之不忘也而武周亦不敢謂

吾念之也曰或可無貽恫於先王焉再吾於是知武周繼述之善見於時祭者天下皆得而見之也

如彈愁女之絲悽惻動人 原批

春秋修 周

春秋

祝封

時之變也觸于心焉夫自春徂秋時則循是也先王其不作矣乎
能勿念此春秋耶蓋天下最足感人子之情者時而已矣往〻照
日前變態已不勝今昔之殊撫時而追念亦一番痛傷也況其在
此「春秋已悲痛
善繼善述者乎前人之逝有年所矣而雨露湛然草木油然滿目
逸調高張
不覺其惕然也曰已春矣後人之思靡有極矣而流火爍兮肅霜
忽令忽續局度閎闊
降兮中心不覺其愴兮也曰已秋矣非必春之使人惕也青飾出
霰之際春亦有娛我志者欲而惠風和氣渙濡恩膏疇信能華可
一字一淚
嘆獨憶我先王覽和然之天介壽稱觴相依如昨曾幾何時而無

復人間也則是增我之悲悼者耶此春也非必秋之令人愴也而
郊告成之下秋亦有快我事者歟而納稼築場飲歌萬寶何獨偏
為愁絶但憶我前人値金風之發鳴琴醉酒寤寐不忘胡為此巨
情○文○變○矣○
而靈已在天也則是益我之隱憂者耶此秋也由春及秋歷乎夏
二比
補○出○冬○夏○合○法○
矣而麥秀蜩鳴是亦怵惕之候也豈獨春雨秋風感其追慕由秋
六○朝○賦○手○
溯春歷乎冬矣而氷堅水涸是亦悽愴之境也何況春陽秋月能
横○竪○説○來○無○意○不○搏○
斯悲愁靈爽式憑冥漠中不知幾度春秋然身後之春秋疊續固
不若生前之春秋少留也聯梧椅而潸潰嗟已無及而一歲春秋
不已觸千年之大慟哉晨昏想像夢魂内亦曾屢閲春秋然在我

之春秋尚富魯不得祖考之春秋再來也想音容于幽渺感以馨
抱恨何窮
香而萬古春秋不且同惆悵于此日哉我周不能不制爲祭祀矣
春秋二字颺得開收得攏卷舒自如與致勃發此芥子納須彌
手段也至語々從真情摯性中流出悽愴惻怛尤堪與李令伯
陳情表方駕

春秋修其　一節　　六十二名　孟　楨

通篇主○意

祭固時以爲食必兼體其志事所在而始及焉夫春秋之祭時食其所急也而必修之陳之設之而乃薦之武周不識善繼善述哉嘗思孝子之事親感時而有所難已者惟思其所嗜爲最切而文

○○從○春○秋○貫○注○末○句○逆○入○○○鋪○俱○見○作○意

不敢以遽遽其情也由其心之所急欲致以並伸其身心所共適而其隨時以致謹者固可一一見其情之獨摯焉此其意吾于武周春秋之祭得之矣夫祀以犧牲同時而獻嘗以分薦隨時有享

春祭　祭

○揭○明○時○食

有是就祭固以食爲切者乎今日者春秋備舉而羔豚告慶武周

○再○舉○春○字　○轉○入○上○三○句　以食字

誠有感時而迫欲薦者執然而未敢以遽薦也由所食而先及其

所居爰有祖廟先王之靈爽所式憑矣苟時物已變而廟貌如故
先王能無惆然乎于焉修之而丹雘維新之象于春秋備見其美
感則所居已因時而見新也亘回所居而及其所好爰有宗器先
王之意念所貴重矣苟時物變易而大寶不存先王能無愁然乎
于焉陳之而赤刀大訓之列于春秋備見于西序則所好已隨時
而並昭也亘因所好而及其所服爰有裳衣先王之被服所留遺
矣苟時序已遷而被服不供先王能無感然乎于焉設之而裳衣
繡裳之制于春秋備見于几筵則所服又已隨時而並列也夫而
後食乃可薦矣羞非微物也而時有必取蘋蘩薄産也而時有必

透發時代

發明情盡愼之至迫于時而必周者食有盡而志無盡故備物之

鍊上

三句法宛然備

誠積于先而乃後乎所修所陳所設以將其獨重一心直時有也而有所不忘多爲時有也而有所必致極志致謹之精感于食而必備者時屢變而薦亦屢變故敬時之懷結于物而乃總乎器之陳之設之以達其馨香此武周春秋之祭也而總之之善不可見哉

回春禴秋嘗皆以時物名祭處以寫食將如生如存之誠且食以時異爲而祖廟宗器裳衣之修陳設不變也故以春秋二字貫合末句以一時字作線倒入順鋪宗旨既明而兩位不紊變不失常奇而得正　黄子翠

第二十三冊　卷六十九

春秋修其 一節 邵祖節

祀典通於上神其享之矣夫自春徂秋其為時也屢遷而修之際
之設之薦之則無乎不備矣不可徵繼述之善哉嘗思祭不欲數
數則煩祭不欲疏疏則怠則於歲序之遞遷質明而行事謂以慰
（化板為活）
在天之靈乎實以假在廟之主也夫在廟言廟典藏者不忘其善
薦馨者畢致其新蕃廟中之制特詳而繼述之善爰著於春秋霜
（蕃字開闢）
濡而淒霜隕而惕歲改而月化者天行之漸而撫辰生慨孝子則
以為祇攪我心樂以迎來哀以送往東賓而西餞者四仲之推而
觸景興懷仁人怨不禁自詒之戚武周於此豈無以妥神靈伸孝

享哉考作室而子肯堂有後弗棄基矣矧七廟覌德其敢忽諸修（較○和○女○肆○九○贊○手）之而縮栽則謹於司徒汜掃則嚴於典祏翬飛鳥革煥乎翽觀之新焉父貽書而毋留器餘澤猶未忘矣矧五重越主其敢褻諸陳之而球圖並登於東序貝鼓分列於西房純席几筵儼乎法物之（首○手○成○春）守焉至于裳衣是先王朝祭之章也前者掌之司服既謹於在笥今也授之尸如覌其無斁或象諸陰也或象諸陽也厥惟謹哉至於時食是先王甘旨之奉也前者視于寢門爰謹寒煖之節今者實於鼎俎徒深嗜好之思馨則其享也不則其吐也厥惟慎哉武闕之果舉于春秋者如此溯先人興邦啟土以來纘纘承承無

非式廓是增早作綢繆之計不幸漂[illegible]依乎[illegible]無如何耳

同一光景此循終飛肯晉

然至戎馬倥偬而鐘簴不改瑤玉如新黍苗其藝祖宗貽厥孫謀何事不垂世德而方春始和方秋始肅僅因肆祀而觀豫綸將入室出戶猶聞嘆息之聲論後人崇德報功之意枚枚實實且欲以閟宮有侐急諫棲息之安況其宅鎬卜灃而忍使神之無寧宇也

獲異人讀異書

當此也豈不驚而經兵燹者吾卜壽之被纂笪者吾褒冕之傳橐者吾玉食之子孫紹聞衣德何念不篤宗祊而春以資生秋以資成特因時變而大明禋則日往月來羕發悽愴之感武而繼述之善非孝之達於上者乎

只就典物鋪陳神雖王未善也体味數其字點〻滴〻都從古人心坎中流出斯為卓爾不羣　吳駿平

寓綺錯於規矩之中其味油然其光闇然端閒本情深而文明　汪繡谷

春秋脩

春秋修其　二節

歲覈南安縣　洪世澤
第一等一名

禮詳于春秋萃上下之渙焉夫修之陳之設且薦之廟中之禮綦備矣而所以序之遠之又詳如此春秋于是乎無憾昔武周之興也闡揚先德昭于上下若思齊一詩咏文王之肅肅在廟罔時怨恫通于祖考矣而內有斯男之慶施及兄弟外則譽髦之士歌其無斁矣哉家庶蒙福矣若乃作求世德咸秩祀文則於廟中見其盛焉蓋我周禮制之行也本自宗廟宗廟之盛也詳于春秋夫春秋武周昭先德以示子孫民庶以致其明禋清廟茅屋昭其儉也而復斵之礱之加密石焉豈觀美是為也顧命陳寶昭其傳也而

古文引○案

提○華○蓋○

秉○升○鎖○春○秋○妙○在○先○排○子○孫○臣○庶○以○為○上○下○通○閑

○卽○

祭復不遺示能守也衣裳在笥勿敢褻也而尸則授之昭其肖也絜粢豐盛非享味也而物則惟時昭其馨也凡我濟〻多士苟在廟中有不僾然如見狄寔〻乎枚〻乎入其門其有人門乎陟其
葉〻數射下簾惜擲如意天花落
堂其有人堂乎天球河圖乎澤其存乎其有不能執者乎瞻皇尸者將無翩何來遲乎玉衣儼其自衆乎亦有和羹不既戒且平乎賚我思成其在此時乎宗廟之禮不其脩于春秋乎猶未也隆報
飛紅[illegible]淺
本者燦及萬國大陳錫者不遺細微方是時廟之下萬象森焉廟
羅〻列〻神似昌黎書記
之上皇尸要焉于廟中為子姓者為賓者于周為客者趨而左者若而人列而右者若而人有執玉而至者有執帛執生而至者咸

濟濟蹌蹌踧踖復位而莫有紊者焉爾時未薦也少焉飶香始升曾孫無言有祭于祊者有徂于基者視于堂者有交于户階者贊祼及王齋者駿奔執籩豆者咸莪莪翼翼肇禋迄成而莫有混者焉方禮儀未備時辟公錫福曾孫告慶有洗爵而前者奠斝而退者有自阼階拜者有自西階舉且酢者觥觵交錯秩如也未幾九獻畢萬舞陳昭夏既奏行葦載歌有肆之筵者授之几者歌者哭有昭者與昭齒焉穆者與穆齒焉蓋自獻尸受福暨入綏後祿咸卒慶卒獲而莫有遺者焉若此者以親親也以貴貴也以賢賢也恤其賤而引其年也於是乎廟貌有侐宗廟降妝蒙衣漸遠春秋

（有他移參差中整介序）

（抱上勒住）

薦食之禮是以大餙一夫昭先世之靈爽以把對越合萬國之歡心以大錫類此清廟所以頌顯承而緝熙文王之典于無窮也古文結束

莽〻蒼〻奇〻怪〻列瀛洲與方丈來蓬萊而駢羅曩惟昌黎學西漢文具此勝境不圖見諸制義中快絕

摛經史之菁腴漱六藝之芳潤典贍宏博大雅元音 儲六雅

羅浮二岳以風雨而合離蓬島三山隨波濤而上下題得此文不數魚龍百戲矣 王介眉

春秋修 洪

春秋

葉大宗師歲考取進邳武府學第五名

高霆

祭莫重於春秋，可以觀周。達孝矣夫，春秋之祭，正孝之所以達也。欲知武周之達孝，曷不觀於春秋乎？且自我周以賓禮視邦國，春見曰朝，秋見曰覲，朝覲之行已於春秋而定其制矣。顧律觀於羣后，自有常期，而報本於先人，豈無定日，則當霜降露濡之際，而切水源木本之情，于以見孝思之不匱焉。吾何以言式周繼述事之善哉。尊祖敬宗，子孫原有無窮之思，然心雖無[illegible]而時則有定也。不於祭則欲數見，毋乃煩而不敬乎？世遠年湮，[illegible]每[illegible]易忘之意，然意雖易忘而禮仍難曠也。不然，祭則已疏矣，乃[illegible]

而多慢乎而武周不敢數也亦不敢疏也爰定其制而祭之[illegible]
以行吾於是乎知武周之孝蓋有所時而感者焉溫肅之心本乎
大造者固自然而見存著之思發乎人心者亦自然而形於值春
日之載陽秋風之凜烈而悽愴怵惕之情由此而深也蓋一陰一
陽天地自形其啟閉為武周者豈任時序之推遷而不一致其然
慕之感有順時而舉者焉舒斂之機行於二氣者無或閒之時綸
嘗之典敬乎祖考者亦無或明之禮故覘雨露之既濡霜露之既
降而慢見愾聞之誠從此而篤也蓋一寒一暑萬物自為其枯榮
為武周者寧任氣候之已至而敢忽乎祭祀之經夫春享孫子者

陽開陰
闔二氏
大而方

紀其老固已無怠於春秋矣況祖宗之精神寔與子孫為一[illegible]
謂志殷先靈者得毋孚但不感而輕歷此春秋也哉抑春日而[illegible]
秋思報賽又亡與聞於春秋矣況祖宗之靈爽寔與子孫為式憑
而謂情深宗祀者得毋祀事孔明而玩忽此春秋也哉敬繼述非
必以春秋見也而即春秋以可見繼述之善焉繼述亦不僅於春
秋見也而非春秋是可觀繼述之善乎觀於修陳設薦時武周之
達孝不於是乎在焉

文氣真醇到底不懈

春秋修其　一節（中庸）　孫見龍

詳時祭之制足徵繼述之善矣甚矣春秋之祭不容已也觀制之
詳於廟中者不已足徵善繼善述乎且人子思吾親而不得見而
欲遂其思慕之情則凡我所以致之親者不可不取其新也凡親
（此四爲二筆妙絕倫）
所以貽之我者不可不崇其舊此顧非繼述之善者不足與于斯
矣獨不觀武周春秋之祭乎祭不欲數數則煩自春徂秋而其爲
時亦已久矣怵惕悽愴之意入廟而能無動念乎祭不欲疏疏則
（證祖斷句）（證下三句）
怠自春徂秋而其爲時亦庶幾矣僾愾追感之心撫物而能無興
思乎則一日修其祖廟神之所廟也亦猶人之有室耳是吾親靈
（亦然起事无如）

孫叶飛四書文　中庸

（朱意妙）

爽所憑依者也修焉而春秋入廟煥然改觀矣一曰陳其宗器宗器之係乎宗也亦猶廟之係乎祖耳是吾親手澤所留傳者也陳焉而春秋考器森然在列矣一曰設其裳衣裳衣之貽也非一日矣況是衣也固吾親當日之所衣者也則時不春秋而必在所設者亦（帶定春秋）謂親裳衣恍若親吾親焉一曰薦其時食食之盛也非一物矣況是食也固吾親當日之所嗜者也則時至春秋而必在所薦者亦謂對時食恍若對吾親焉而吾乎是知武周之心必有愀然其深痛者也想曉昔之音容邈焉莫覩追薦時之色笑杳矣無聞今也廟雖在而吾親已不及登器雖存而吾親已不及見衣雖在而吾

親已不及服食雖在而吾親已不及嘗將凡春若秋徒借此以爲陳焉設焉薦焉者以冀親之來格也而其情倍苦矣而吾於是知武周之心更有欣然其自慰者也想其居處而僾乎如見想其笑語而愾乎如聞而況祖廟在前安必吾親之不臨于廟宗器在側

有出投即有對設以筆爲否從大士學者敎之從

安必吾親之不憑于器裳衣在列安必吾親之[illegible]時食在筵安必吾親之不享其食則凡春若秋雖殷以修焉陳焉設焉薦焉者以慰己之遐思也而其意稍安矣若夫宗廟之禮不更有可得而言者乎

平分四段総發全題格既大方詞尤工鍊　林峯先生原評

切脉按神能使至情流露不徒以點染見長也　蔡方麓先生

緊對事死如事生二句立論掃去一切顢頇話頭後二比心如繞豪筆如轆轤為之嘆絕　白楚唯

春秋修其　一節　孫枝喬

孝莫大於祭周制以時祭也孟孝不僅以時祭見也乃自春徂秋周弗脩制孝亦何達歟今夫王者以天下養其親乃稱隆舉也至以罔極之思假對越之文必已[illegible]所遭變大典闕如詎云善哉乃若武周之繼[illegible]則[illegible]思無窮寄情其際于祭享祀典之追報焉[illegible]制[illegible]時[illegible]春雨露既濡君子履之必有怵惕之心[illegible]霜露既降[illegible]之必有悽嘗之感武周于此蓋然念之令秋先[illegible]候[illegible]然今雖舊制有增亦其數異可諸如[illegible]問[illegible]號琰[illegible]刻吾祖吾考實式

澣之而且服御藏諸大史考訂通諸篋笥于小子極不忘焉則夫祖廟也宗器裳衣時食也苟不修之陳之設之薦之毋論在天之靈實有隱恫繼述之謂乎其默闇悽藹寔哉乃所以奉愛著整飭也今則治宮室塗金畫冊楹桷不勝入戶僾然出戶愾然之思矣又其奉承以進羞膳從物之典則亦恪守昭神依告時序益切思其所樂思其所嗜以慕焉祖宗之神雖渺而與來哀往祇此愛存慈著之濟心子孫之制雖殊而服物寢園猶是豐岐灃澗之故事武周之善繼述此其徵也而不止此也

駿奔流走

此對一句切整齊

風華而兼饒古容作短文能使機局流暢便覺氣勢開展　品無

總叙一段錦簇花團正講處以下三句對祖廟一句變化亦自有體

春秋修

孫

春秋

符渭英

舉春秋以徵繼述孝道與天時並著已盡一歲之序春秋脩之矣武周之繼述殆有因是而彰其孝者乎今夫孝子之事親也固仁至義盡之為也仁則合乎氣之溫義則符乎氣之肅孝思所篤天道寓焉已故天地之令常以生肅為功孝子之心每因霜露致感葢天有常道孝無常思一而孝之所深又未嘗不因乎天之所運也武周繼述之善于何見之夫大勳既集崇孝享者始于丁未之歲奔會朝清明報功德者見于癸巳之籩豆祀典固已肯舉矣而武周之心正未已也一人事之靡定也多有新故相推之致歷異時而

集　中庸

中庸

安焉將日久而溢息矣頤東卯而若怒對白露而茫然在帝左右能勿怨恫乎物理之不常也每有乘除代謝之機或曆時而忽尚將毋昧以滋玩矣蕤倉庚而弗念蘋蘩氄說火而弗思羔韭昊天罔極其又奚懟乎而武周則于春秋特有極不忘也春之為氣也主于和和則有生之理焉物序于以更新歲功于焉托始觀生物之功而生我之心則何日置也況青晃而迎春卯有典始和布化春宮有書念昔先人猶然無房閒愾見之思乎物欣欣以向榮如覩我先王忠厚之遺也已秋之為氣也主乎斂斂則有成之義焉薦寶于以告發百卉于焉落寔觀成物之德而成我之思又何能

夙興嬀汭

惟慨陟劍

懲也兄司馬蒞武兵以秋而厥司寇詰奸刑以秋而肅明發一不寐
獨能無致誠致懇之懷乎嗟歲序已云秋如見我先王儼翼之懷
也已且一言春則從事一春者必至青紘而秉耒于籍田奉醴而
副禘于蔡室此皆春月事也而非僅為春計也一言秋則預絡于
秋者必滌太牢為楅衡之制農人有登麥之文此皆未至秋脩事
也而王為秋計也且也三后居岐之日依然侯服也維春與秋有
相湯孫而歆奏鼓年今日之致思成者何如乎以此思總之可知
已一六州歸命之初猶是曾孫也自春徂秋亦追世德而設月祀
今日之詠肅雝者何如乎以此思述之可知矣進觀其祭典之隆

中庸

中庸

而孝之達乎時祭者固如此

春秋　[illegible]

春秋修其　先也　　　壬申　張模

即祀典以微至於天祖饗而禮備矣夫誰之至者合上下而普通也春秋以致敬宗廟以致愛而又推孝思於大祖武周之禮何備哉且明王孝治天下非徒愛敬焉已也親之所敬者吾無不敬焉親之所愛者吾與不愛焉而且所敬所愛者之所自生吾亦無不愛敬焉盡焉蓋統之以率仁率義而前後之者宏寬之以本天本祖而民物之報答者遠也善繼善述乎天父天毋地祖帝宗工先王豈有雖闕而時至孝思亟必戰戰幽明咸行典禮況上治祖禰下治子孫先王原多隱願豈應天順人而不

一○語○義○躬○恰○本○位

外三

○動○盎○切○八○字○○○插

嘗○從○加○飾○求○八○却○日○禾○訓○上○後○麻○何○言○神○力

又○筆○抄○前○三○節

顯庸創制以彰明禋吾考其所制祀典有時祫之見於春秋者有
大祫之見於宗廟者一時祫者一年四舉者也祠禴嘗烝間行於春
秋我先王覩霜濡露之感洞洞屬屬繼序其敢忘耶右廢可念而
肯堂肯構煥乎寢廟之新手澤尚存而東序西序儼乎此物之守
至於出守祧之尚衣羅大庖之玉食罔不求故而出新焉大祫者
三年一舉者也禘祧壇墠合食於宗廟我先王辨昭定分之意故
敦親親式序其敢忘耶遠不問親小不加大昆分同異如而各不
班聯太祝所司宗伯所統亦合異同姓而各有執事至飲醵然
當時繹燕於明日罔不齒上而敬老焉當日者武周踐踐作階禮

上兩節理法兩絶
行大猷樂奏六成觀其德於七世之廟而在上穆穆得其歡於萬
國之心而在下明明合敬同愛無間忝存可不謂至孝孝乎雖然
孝豈即自此禪自此訖哉王踐而社稷擴而仁周之宛　有北社
耳乃嚳陶匏角繭栗王社之外又重之以南郊是圜以為物本乎
天身為宗子家相上帝當自我而居歆者也故蒼璧黄琮亦等之
左右就養之例而呼吸相通曰顯考高曰祖考廟周之止有五
溯耳乃追宗稷溯姜嫄始祖之上又推其所自出是固以為人本
乎祖身為有道曾孫其先當自我而食報者也故報本追遠仍不
翅寢門視膳之常而音容若接事帝事先此武周之愛敬不徒存

春秋修其

前後照映無字不典切

於爭瀕也然吾乃知秉時以來先辨位以接下祭有法而倫克明神人胥悅制之所以密而精闈卯以郊矢闕宮以禘嘗禘無豐而禮成秩帝親交饗典之所以大而遠而謂非達孝耶

將敬愛二句作骨而以上兩節疏通証明之末四句卜從此推出理明法老詞亦郁郁有西京風　殷會詹

尺幅中具有三禮菁華字疎填實兩家一齊束手　鄒晚嵐

春秋修其　一節　　張世任

制有偹隆于春秋者可以觀孝矣甚矣春秋之祭不可以或畧也修馬陳馬設馬薦馬武周之祭不減有以達于先代乎嘗思祖宗往矣而祭祖宗者不忍聽其往焉也一感而凡數見之蓋將如見我祖宗之居處焉且如見我祖宗之服飾器用與祖宗之飲食焉今莫詳于武周春秋之祭矣夫春秋之相去時亦已審也而孝子之常見以為疏且春秋之相續禮亦已勤也而孝子之儀常虞其偶忽蓋嘗以已之意度先王矣深宮華屋之逸其居也則樂之球圖玩好之美其觀也則樂之機絲貢于王國錯珍陳于九有也則又樂之夫先王之

入情之論

湖廣

情猶夫我也而余小子乃獨忘焉耶又嘗以凡人之意度先王矣然
隘卑陋之不足以聚吾族則不快焉日用器具之不足以供所需則
不快焉蚕織休而授吾寒者甘閼而薄吾養則愈不快焉夫先王之
情豈異人也而予今日乃反恝焉耶以今觀武周之制夫乃見廟爲
煥焉不踰時而輒新者乎則祖廟之必修也不啻爲祖考與謀寢息
焉而時恐鳥鼠風雨之或貽以憂也由是而凡備具于廟以內者敢
有一之或畧乎手澤常留而出之彌新如奉寶玩焉其終不改而陳
視依然如勤將御焉物產苦款而萦芳以獻如侍所御焉宗器也裳
衣也時食也孰非列于祖廟而謹于春秋者哉斯時也儼先王臨之

[illegible]爽實式憑而如在焉應亦樂吾子若孫之不忘我否處不忘

服飾器用且不忘我飲食也而豈若常情之不得所欲者多所不快

于心乎然則斯時武周亦將如見祖宗于春秋而祖宗真未嘗往矣

都從人情淺處曲寫孝思不以堆垛矜才故無板局而機趣生動

可愛

春秋修　張世任

春秋修其　一節　　　一名　張爾銘

制有通于上者、總述之善可思矣、蓋武周孝思不自春秋昉而典
制備修通于上者、不可思乎、今夫孝子思親之心其觸于時而興
動者亦安有窮哉、惟即其致祭于先人、而一二誠備于孝享之時
就令先王自為謀、其居日用不過如此、而繼述之善可思矣、天子
（故詳切中）
之、發揮最透、歷千載之綿遠以隆其報、而悽愴怵惕莫非仁孝之
心、聖人之制禮盡善、合萬國之歡心以致其誠、而委曲周詳具見、
情文之備、故時而春也、而悽之思豈其無情、而武周之情倍摯
時而秋也、霜露之感豈其無心、而武周之心為獨肫、則見其肅雍

貌以伸愛悱後嘆豈必精制也陟降如在統十五天神靈畢萃于

近○樂○秀○煥○

美輪美奐之間而丹雘增輝一則見其出遺珍以授几恍若手澤之猶存也容刀可憶集千餘年典守燦列于東序西序之旁而琬琰

典○雅○

至光一至與宗彝而並陳于廟中者有裳衣設亦留而如或後宮潛雅之澤偕卜年卜世以弟替而垂拱也容如見于鼓鐘迎送之餘

情○文○悠○至○

至與春秋而遞薦于廟中者有時食闕歲序之代遷寢門侍膳之儀備獻羞獻非以常新而思嘴之恍如覩于司烹登俎之際若是者以一己之志通先王之志並能通先王欲明之志而大端必謹

歸納○絕意述事之○善

淺○下○如○生○如○存○

細物不遺居處服物直如生人之日用以一己之第體先王之事

並能體先王欲為之意而撫時生感備物致隆薦食服御無非識孝之感乎一此制之詳于春秋而通于上者也而及下者又可言矣

典雅秀潔趣思若

不分時捻只點綴其所薦何寫出一種孝思氣已深情纖明勝述之善准下結上法脉穩洽。典核題類致不生動體態亦秀逸便是纍積家數何為名貴斯文可寶正不在乎穠秀取也黃千厚

春秋修　張

明清科考墨卷集

第二十三册　卷六十九

春秋修其祖　一節　　一名　張爾銘

制有通于上者、繼述之善可思矣、蓋武周孝思、不自春秋昉而典
制倫隆通于上者、不可思乎。今夫孝子思親之心。其觸于時而輒
動者亦安有窮哉。惟即其致祭于先人而一一詳倫于孝享之時。
敘其折尊俯[illegible]影
就令先王創為謀起居日用不過如此而繼述之善可思焉天子
之發祥最遠歷千載之締造以隆其報而悽愴怵惕之非仁孝之
外甚冠冕內之精蘊
心一聖人之制禮盡善合萬國之歡心以致其誠而委曲周詳共見
情文之備故時而春也而露之思豈其無情而武周之情為倍摯
時而秋也霜露之感豈其無心而武周之心為獨殷則見其肅廟

直省鄉墨覌　河南

貌以伸虔非僾岐豐之舊制也陟降如在統十五王神靈畢正于

次奇亦堂皇清廟明堂

美輪美奐之間而丹雘塗輝則見其出遺珍以授、恍若手澤之

之器

猶存也寳刀可憶集千餘年典守燦列于東序西序之旁而琬琰

生色至與宗器而並陳于廟中者有袞衣啟在笥而、故後宮幹

六朝雅健運之于八比中

濯之澤偕卜年卜世以弗替而垂拱之容、、見乎鼓鐘迎户之餘

至典春秋而遞薦于廟中者有時食閱歲月之代遷寢門侍膳之

儀偕獻羔獻韭以常新而思嗜之忱如覩于司庖登俎之際若是

纏綿排惻有六六[illegible]流露紙面墨表

者以一已之志通先王之志並能通先王欲明之志而大端必謹

細物不遺居處服物直如生人之日用以一已之事衣先王之事

並能體先王欲為之事而撫時生感備物致隆寢食服御無非誠孝之感孚此制之詳于春秋而通于上者也而及下者又可言矣

珍毫惜墨名貴語妍妍行問少許勝多許富乎邊幅正恐瓦缶無此金石聲　許超雲

此與下節俱申明繼述之善須知文王嘗曰春感兩濡秋怵霜降祖廟聿新宗器俱設瞻裳衣而心像遇時食而流涎其孝思已結于平昔武周体此修之陳之薦之設之事然分諸侯天子而其心依然一也故必揭下其所直于題前扣下敬字為頂正面自然情餘于文勸流于骨非止向制度上見得洽也文以

河南

猶賁勝人。何異金華殿中語、周汝調

春秋

陸

春秋脩其　所親　　三名　陸士坊

通上下以立制而愛敬協于先王矣蓋本愛敬之心以定礼而上

與下無遺制矣夫〻〻所尊所親不因武周而並懸哉嘗思尊莫

夫子定礼〻莫重于廟制故礼行而其心傳所（全〇趣〇久〇就〇一〇語）之心亦緣之

以俱傳蓋以一身治上下而顯脩其情文〻以一心奉神明而隱

通其志氣則知昭格于有典有則者〻其驕屬于無（積〻絲）（提〇畢〇光〇横〇絕〇倫）[illegible]

何則礼也者繼述之大端而愛敬之所自達也〻世〻廟可以觀

德而親盡即迭〻以神道事之居處所食列祖（雅〇夕〇有〇光）爽〻焉既〻

豈為曾孫則濡霜露何弗告〻謂〻處〻一諸侯　矣通

而亦觀立義必以人道睽之施宜皆萬國之歡　家

為宗子則陵夷左右何弗以水木于本源則試觀工祖廟是先

所式臨也使文王尚在必有歷時而承慕者于以輪奐　斷　考工

古時後血脈都遺　字在安頓

餘矣琬琰在列守藏告矣由是而服未改漸濯皮弁　準

無忘栝棬思共昨好奉文王以事先王而他物致享如遵儀恪于

庭除又試觀礼于宗廟見于庶于共仰也在文　必有推也

以相接者於是公姓之族世次定矣讓貴讓賢類族分矣由是而

矧于童孫亦效微勞于爨觶黃髮台背群沾神惠于餕餘命爵展

以奉先王而自今承親廟憑先靈于宗　而當斯時也主祭泚位直

春秋脩其 所親　陸士坊

司就列而九献登八佾陳對越者在上奔走者在下羣〻卓是敬一

如水等出

之心溢于踐位行礼奏樂之餘矣蓋在文王尊親極于無加則即

一比具所尊親一比敬愛真言

所尊親閒合揮謙而了神脈何等醒豁泥彼呆〻分疏似又從〻

制僅五廟化終二祧而在廟肅〻入而告處公子振〻仁而勿幾

說上文一番着有〻〻轟之别矣

原不必詔後人之制作以慰其無已之深衷而後愛敬洽于

無閒則即礼節弥崇仁心益廣而孰先人〻豆籩寢門如昨奉先

人之語矣子姓依然又何弗殫君相〻〻經營世〻遹其丕〻之謨恭

一氣補点決嶺休完

吾乃嘆武周之所修所陳所設所薦消其敬心為無已也乃嘆

武周之所序所踐所遠着其愛心至無已也而豈以位殊其制亦

殊〻數樂殊真器而疑武周之於〻敬〻於〻稱継述〻哉

毫髮無遺憾。次灝獨老成。以此取長儒冬縉不少。我必須曲
到之題。以覓人忙我。閑人亂我。秋〻私〻我淨。人壯我腴矣。修士
有局有度。亦雅亦莊。味芭

春秋　　陳璋

祭有見于春秋者、而孝可思矣、夫祭不盡于春秋、而春秋亦孝所由見也、觀于此而武周寧漠然已乎、且論武周者、始于渡河之眷（借摘巧洽）及于居東之秋、蓋未嘗不嘆其繼志述事之難也、雖然孝固不以此而遂窮也、即當年報本之舉、有撫時而興感者、安在不足為孝思之所寄乎、試詳之、以先人之曠世相隔也、而為之祭以迓之、王者不欲其數也、數則易褻、故常推而遠之于三年五年之間、抑以先人之一體無間也、而為之祭以接之、王者又不欲其疏也、疏則易怠、故必引而近之于一歲四時之內、蓋一微于春矣、方其春也

（武周）

（本禮記祭義為間合意自斷切）

（以給締陪）

（引起本題）

遂遂之日景物其一新哉獨是吾親之顧復乎我者其闕此表也不知凡幾一旦音容莫覩春則循是而其人已非有不對之而滋戚者乎夫雨露既濡誰無怵惕之念而况武周之孝思彌篤也則舉一春而夏之輪亦視此矣又一徵于秋矣方其秋也淒淒之會流光其代謝哉獨是我之獲侍吾親者其歷此秋也又寧有幾一旦笑語難追秋且循序而復來其人已與時而俱往有不過之而隕痛者乎夫霜露既降誰無悽愴之心而况武周之孝思無已也則舉一秋而冬之蒸亦視此矣雖當日者玉步既改規模盡廓豐邑之遺似先人之春秋處其常而武周之春秋獨處其變然正惟

（得情）（補帶來）（對壽幻）（議論確切）

其變也而觸景增懷則僾如愾如之感當必有時動于中者而崇從術爲成例也哉當日胥創制顯庸多材達濟鎬京之盛似先人之春秋守其故而武周之春秋頓易其新然正惟其新也而隨時致合則其存其殁之悲當必有難釋諸隱者而寧僅視為具文也哉（妙合時亦王制）不然祭之以時舉者于春為犆而三時皆祫自天子而下諸侯猶得一犆一祫焉以至士庶人不廢則人之於其孝思于春秋者多矣又何獨武周而必以達孝歸武周者吾蓋于廟中而恍然見其繼述之善也

撰為春秋時事累牘連篇其陳冗耳文特注定歆其所尊更切

宏武周洗發筆意鮮妍自能遠俗題文林立或落繁蕪頃見坊選有議論疊疊而能不失祭祀意旨者摘附以資取材春之（掇月令照下四句）時何時也若青陽之佩蒼玉矣載青旂矣食麥與雞矣吾身所享于春者如此其至也而吾親安在哉武周當此則有悽愴若或見之矣秋之時何時也居總章矣佩白玉矣載白旂矣食麻與犬矣吾身所享于秋者如此其倏也而吾親安在哉武周當此則有觸目傷懷氣之在疚者矣春主仁而秋主義法春之仁以為仁無不至而仁孰先于吾親法秋之義以為義義無不達而義孰先于吾親于焉愾乎其聞僾乎其見有如此

春秋（中庸）　陳璋

春秋一春主生而秋主成觀萬物之生凡有生之息者無不報而況生我者如覩觀萬物之成凡有成之德者無不荅而況成我者如覩于焉思其音容想其嗜好有如此春秋一援生成二義抗君棚苐較爲精警語意亦完密并附參觀慨時序之遷遷則憂論亦殷享祀而必先之以春者蓋物貴原其所自始而人必反其所自生春者始生之象也觀于春而裁之論可知矣（誦法如前）一慨流光之易遷則冬烝亦切孝思而必統之以秋者蓋物恒樂其所由成而人亦推其所由盛秋者物成之候也觀于秋而冬之烝可概矣

春秋修其 二節 陳科捷

善繼述者善於禮於廟中覩其備矣夫非禮何繼非禮何述武周之禮詳矣即一廟中而神人通焉若曰繼述即在此爾且夫祭祀之禮聚而散者也聚一人之精以歆數世之神靈散之禮以通其尚聚一[illegible]之心以合萬國之歡心散之禮以詳其制以聚之者散之則亦何散而非聚乎武周之善繼述何如者我周監於二代爰有七廟焉閱世而後雖有世室之制而其始則統之曰祖廟宗廟

句時維春秋雨露濡霜露降人子履之有悽愴怵惕之心

祖廟於是乎修之不啻登其堂而有已

者盖將綜諸同異然而行厥祭禮於廟中不丁
預雖然手澤之所遺先王寶玩重焉使一入廟而宗器華置何
以昭世守乎於是而列其序猶顧命示傳之志也宜用陳守祧之
所掌先王寶式憑焉使一入廟而裳衣罔備無乃若飄寓乎於是
而愛之人猶明堂被服之遺也宜用設若夫思其所嗜則食其嘗
矣謂必羅縝珍錯非先王意也惟是爲齊爲膳人因乎春秋之宜
使入廟者知其時也其猶寢門視膳之思乎宜用薦夫先王遠矣
其玩好之供衣服飲食之節怵惕而巳不知者以爲非復生人
之情而一物不備誠周家之悵然若謂我先王神也　亦人耳禮

神而以人之理通之則神而人亦可以人之事合之是先王曰吾眺望河山其不改乎高辛之分物猶有存乎几杖桮棬其依稀如昨乎及今不能與子孫臣庶常相見矣或四時焉或三年焉或五年焉庶幾見之也武周知之曰其惟宗廟與夫人本乎祖孰爲大宗繼爲宗子故無論禰祖稱宗爲廟一也然使宗廟而紊亂置之也先王見之其志能無未遂哉故子孫之昭穆不序則七廟之中不必分左而分右矣爵而不序則袞衣居後毳衣在前矣事而不序則贊幣者贊灌奉犬者奉羊矣不有旅酬燕毛之禮則兩君樂鐸免生非黍在寢燕私主黨失次矣而武周乃一有禮

之猶々昭穆也爵也事也賤與齒也人也而先王々神明之川有二存之理六〇
王神也何不可以人將之昭穆序也貴賤與賢辨也賤逮而齒官
也禮於先王爲神也而武周於人亦體之則廟中皆人也又何必
於神隔之豈特祖廟既修陳之設之薦之而遂已哉由此觀之
周之務禮詳故武周之繼述善

隨意抑揚似絕不脩飾者要正以不脩飾得古也所謂科頭拍
肩皆有家數　周力堂先生

春秋修

春秋

陳祖范

孝因時感、春秋可覩矣、夫春秋、時也、而自武周當之、則先王之志事必有與將俱著者、將何以繼且述之、令夫無時不念其親者、孝子〃心也、有時倍念其親者、孝子既喪其親之心也、易時〃之念、為因時之念、而孝思轉感矣、武周繼述之善、其大者在天命人心之際、固已合萬世、其會通其精者、在天時人事之間、抑且關四序而動其惻愴、故日居月諸、嘗關寤寐、而雨露霜降、尤切春秋、春朝秋覲、大一統之尊、書是今日之春秋也、而回念十三[illegible]倬以前、中身受命而後、五十年間、其際此春秋也、何若乎、毋亦悽愴

浹暢而依々然有其志乎青陽揔章乘四時而出治是令日之春
秋也而追思世子三朝之日方伯有二之時九十年中其歷此春
秋也何如乎毋亦迎來送往而兢々焉有其章乎維予小子夙夜
唐山詩青字用之
敬止而紹廷之上下不隔於朝夕覺春非我春猶然文考對雨露
而如見之春耳而恐坐消此也哉赤靈在上於昭於天而厥家
之陟降不限於晨昏覺秋非我秋猶然穆考嚴霜露而增懷之秋
耳而敢虛擲此秋也哉凡為人子之當此春秋也誰獨無水原木
本之心而九重之上深宮之中則尤於非心未動之先而早惕然
曰已春矣已秋矣亦臨亦保之神其詔我矣凡為兄弟之際此春

秋也誰獨無明發有懷之念乃一為元于一為家相絕不與布衣
昆弟之心而相誥誡曰春暮矣秋老矣不顯不承之靈其惆我矣
於是乎有脩陳設薦之典
入武周　想出便與平放着兩字及點染時景語者不同
此文　洲郭秋浦

春秋

春秋　楊九雲

聿因時見先王之心焉矣以正之于春秋何如者欲見武周之聿
故莫有重于此也且人情不渦撫時而念吾親已然不制作出自聖
人則非徒念吾親之謂也誠見夫吾親之心有隱然與郭亭相為
推移者而予小子何忍一日忘也武周之善繼述于何見之坐上去
今幾何時矣問其志志安在也然獨不曰吾今所處之歲月即吾先
王所曾歷之歲月乎而志如在矣求其事事已往也然則[illegible]
所值之物即吾先王所以值之物儼若而事物往矣武周于
禁念茲春秋而皇然也必待東風既至白露既零而勤其追養

誠穆矣時未來而予心已迫不及待常若春令之行秋令之行之徧緩也大有與秋之迭運惟甚速已及迭運而勢心而反不見其處非猶是先王當日所以盼望此春秋之意乎勿寧然也抑不禁頤瞻春秋而悵然也倘鄉令節時逢草木既衰而即徹其依戀之懷淺矣時已往而予心猶留連不舍常若春象之漫誕而可倣也常恭秋氣之凜冽而可悲也亦恭與秋之過嬗常相隔耳及遞嬗乎孝子之心而絕不見其隔非猶是先王當日所以春治此春秋之意乎而能勿怵然也深痛夫春無異春秋無異利而已不若蒙者追隨玉親之則止効上嗣登受之勞則雖至于日引月長而

霜露之情愴惻其莫為豈猶夫人之于春秋也夫親近則思之去親遠即忘之也一方歎春非吾春秋非吾秋而徒得于頃者合祔吾親之地（照其故其所尊）一展曾孫形於之枕則雖極之悽愴怵惕行役之感終覺其莫稱豈猶夫人之于春秋也有其發則倍之有其舉即快之也哉若乃（前題）四人除有癸而獨言春秋者則以其時之倍足動孝子之心而已矣

注定故其所尊方得善繼善述本旨題只二字而上下文外動也其文筆更纏綿可愛

本朝考卷小題集　集　湯

春秋　楊九雲

春秋脩其　二節

湖南阮宗師歲　入益陽縣學一名　賈餘勇

孝通於上下、綜禮制而並徵其善焉、夫春秋重其事而禮通于上矣、宗廟脩其儀而禮通于下矣、是可詳誌之以見武周繼述之善〇且禮之莫重于祭也〇遠之將以通神明之德〇近之將以類萬物之情〇是故意隔于至幽〇貌麗而神睽矣〇典洧于至鉅〇勢殊而恩嗇矣〇夫惟精誠互浹〇既無乖于時序之遷〇而各分所聯〇復無憾于駿奔之列〇則即一時之祀事〇而聖人精微鄭重之意〇已無不肫然流貫于其間〇繼述之善〇固合上下而周知其意者也〇積十五王之烈〇以貽我後昆〇而止此手澤口澤之憑依〇不復勤其追憶〇將寢興食息

（靈〇警〇）

（氣〇度〇閒〇雅〇无〇著〇想〇）

邈若山河而髣髴之者容早相距于形聲之隔集十三載之勳以追崇先澤而頒使同姓異姓之祚類無由貢其悃忱將長幼卑尊莅無區別而肅雝之典制幾共隳于品節之淆則祭有因時而倫其物者春秋是已念我先王在帝左右而後亦既歷有歲年今則邂寢門之範色笑雖追而悱兹禴祠烝嘗不克致其僾見而愾聞心滋感矣繫春與秋應乎時而不爽而由是思其居處丹雘惟勤焉思其嗜好房序並列焉思其衣服裼襲在御焉思其飲食膳膏（思精華錢）無缺爲奉悽愴怵惕之心而盡慎竭情無在不誠諸恍惚庶幾哉昔王之明德常隨景物以俱新而綏我思成自可免怨恫之慮耳

抑祭有因人而制其宜者宗廟是已念我先王誕膺天命以來亦既受乎方國今則登古享之庭纘承如故而覩茲臣庶子孫罔或著其恩明而誼美心愈傷矣維昭與穆厚其別而無愆而推之式敘在位著貴〻之義焉執事有恪著賢〻之義焉獻酬交錯著幼〻之義焉偏言燕私著老〻之義焉撫倦華和鈴之盛而羣分類聚不憂或間于形骸庶幾哉萬國之歡心常與焄蒿而並洽而綏予孝子可無貽隕越之羞耳盖天道之日升月沉與人事之迎來送往實有迫相觸發之情況武周固先意承顏者而敢慢忽將之（烹錄脩時）乎崗肇祀于生民家室想有邰之舊定君宗于盧旅几筵承豳館

之遺則雖霜露淒愴居諸逾邁而此際脩官脩物要猶是適追來孝惠宗公于臨保之忱二人之雝宮肅廟與百爾之載見求章原有默為維繫之勢况武周固克篤前烈者而忍弁髦棄之乎宗盟必先同姓公尸歌在渚之鳧肆祀樂有相予我客振西雝之鷺則（金和舌節）雖賢親異等爵齒殊施而一時之紀之綱要何殊遐不作人美德造于脁䗲之地此武周之善繼述也奘武周之達孝也

塊奇與衍如觀柏騖之經其梳櫛之工映發之巧齒頰間別有纚纚也　鄧東長

彩藻之文發源經訓領畧古法自出新奇　廖南崖

赤亭孫老先生評 開門見山

題前展

○○○春秋修其 二節

福建楊學院歲試取進漳州府學第一名 黃尚忠 原姓顏

祭禮無愧於神人，皆孝心為之也。夫神與人，皆孝之所由存也。武周於春秋宗廟各盡其禮，謂非孝之心為之哉。嘗思聖人之孝，皆聖人之心為之也。而心之所存，未始不樂感格於上而勤恤於下。在不知聖人者，必謂聖人雖盡其禮，亦徒循其文耳。抑知孝之行也，有合數事而形其懇摯之思者，亦有合數事而傳其委曲之意。慎勿總總焉徒以流窺聖人也。武周繼述之善，孰有大於祭禮？方其未祭之先，亦必有以致思成，而曰庶幾見聞其慰我也，豈必霜露既感而始見神靈之陟降於上日。未祭之日，亦必有以念一本，而曰庶幾淫威亦誕敷也，豈必廟貌既朝

沈清如
許懸學

小社試艸

而始見觀蹟之奔走於下乃武周之祭正樂觀於春秋與宗廟中之禮矣夫曰春秋錯舉其時也彼其時寧無昭穆之在序耶貴賤之在列耶賢與賤之無容畧耶對黃髮而不遐棄耶而武周則曰祖考在斯為孫子稱曰宗廟亦指其地也彼其地寧無廟宇之致潔耶宗器之世守耶裳與衣之在几耶無栝棬而感時變耶而武周則曰臣子在斯為君父令夫子孫以心最無窮者也故或分之所無可如何而制之有所限者無不欲萃而畢致之於祖考刱祖廟可棲宗器可保裳衣在御時食當前乎[illegible]恨不能起祖考而起居服食優游玩適於以抱無涯耳然安知武周之修也陳也設也薦也不即視為祖考之誠起居服食優游玩適

總於孝
字目[illegible]

耶則子孫之心差慰矣耶君父之心最無盡者也故凡人有不可紊而情之有難已者無不欲概而區別之於臣子況同姓有昭穆異姓有貴賤合同異姓有賢與賤且昭穆中又有長幼以毛乎方幸宇內之臣子廟中觀禮明分達情於以廣恩意耳則何可謂武周之序也辨也旅酬也燕毛也不即以教臣子之入廟盡禮循分達情耶而君父之心差慰矣夫自其進於上也精神所積已感於先王先公乃其通於下也恩誼所領非特在文子文孫藉曰非孝心為之何以於春秋時則見於其祖考有然於宗廟之中則見其所以用意又有然者乎

楊學院原評

周禮試牘

春秋卷 黄

題極繁重文獨能關合孝字布格展采新奇奪目

宗師蔡老先生評

春秋脩其祖　二節　　程光瓛

兩稽祀典、神人胥洽矣、蓋春秋有事宗廟、有禮此祀神之謹、而待
下之周也、非達孝烏能致此、令夫以庸行之常而謂有以悉協乎
天下之心者、必其上有以協乎（全題握定）先王先公之心、而下有以協乎子
孫臣庶之心者也、故因心而定制、既昭安備於先靈、而由文以達
情、復篤恩施於衆志、溯闢茂之顯庸、未嘗不於祀事徵其宏遠焉、
試以繼述之大者言之、不見夫春秋之時耶、物候遞遷、亦猶是先
王之歲月、而還念夫在天之情、有愴然其餘痛者、武周所為觸時
序而感也、曰余小子豈有非常之舉足以酬九廟之靈乎、惟茲祭

乾隆丙辰湖北

典不數不疏歲四舉也霜露而惕隕霜而淒尤於是戒事焉戒之
而修祖廟先廟後寢之義也（負異）抑神無方而以有方求之也環視而（嬋聯）
序之中刀壁琬琰河圖大訓在焉世三十年八百爰吾鼎而念德（宗字器字錯確）
也由是思其被服有裳衣焉袞冕從今侯服從舊也設之不棄舊（字、鋒出精義）
不忘本也誰此則有薦剎蒲獻皇祖也炳蕭達墻屋也水與陘畢（朴時食典祖）
致之以鮮食告時變也春秋之事備矣當時宗伯所掌太府所藏
爰定爲制曰修其祖廟陳其宗器設其裳衣薦其時食不見夫宗（點、題、古、茂）
廟之中耶駿奔在廟罔非王室之懿親而不攝于肅雝之內恐有
紛然其無嘉禮者武周所為德鸞鏘而鑾響曰余一人豈有煩多

之制及以滋列辟之勞乎惟茲祀事太祖東向受生氣也南求諸陽北求諸陰皆於是受序焉受之而及乎孫大宗小宗之義也抑（此祖考昭穆）（此序昭穆正而）類所合而以其類求之也環視相維之列五侯九伯子穀男蒲在焉振鷺我客鬖髦我士自九命以逮一命也由是各奏爾能始有事焉宗祝以下勿間乃職也辨之懋者試其誠敏者課其習也進此則有惪同異姓在也殺凡有緝御則予弟從也飲非同姓後焉酌醻醴祈黃耇則我諸攡獨也宗廟之禮修矣莊今考其遺意究其指歸爰申之說曰若者序昭穆若者辨貴賤若者辨賢若者逮賤而序齒此之謂善繼善述此之謂達孝

評 許瑞

長短錯落。逐字疏出精義。此食古而化者。朱功偉

截然兩對。其中伸縮變化。詳畧適均。為前賢尋味所不及。神乎技矣。沈東山

春秋修 程

春秋脩其祖　二節　　程英銘

合上下以制祀典、孝達幽明矣、蓋祀典之通于上下者、武周皆緣人情以立制者也、非以孝之繼述不誠善哉、且情不可以或睽、要必以誠無不格、者萃其情而使之不散、物不可以苟合、要必以氣無弗通者、渙其群而使之咸宜、王者出精忱以大昭假、合萬國以奉先人、其法之詳而制之備者、要皆一誠之所積、而一氣之所孚也、試即武周之善繼善述而觀之、其精神之貫注、直周通於隱微

二比摠冒有力量

幽渺之地、而氣以相洽者、神以相聯、固不僅壇壝昭事之頃、如接其情形、而其志意之感孚、遂流露於典文該洽之中、而奏格以升

隆丙辰湖北

馨者推恩以錫類又可即對越在天之時備詳其典禮則以禮治通於上者言之今我先人生長後穴遷徙岐豐未有寧宇矣一二東房西序之垂世傳多替孰非先澤之猶存乎至於後宮漸推掌之大內儉德庶可風焉況知稼穡之艱難而蒸民乃粒食皆德者且在萬世也今日者寒露溥矣繁霜降矣而若周閣知其謂之何唯我武周承緒而深宮構之思主器而寶球閫之重衣覓以臨筐念筐篋之克紹王食在御膝懷口澤而難忘是豈過為潤色夫亦君舊悽愴之意所伺而出焉者也施于今先人往矣而返乎初生猶可覩樣楯几筵而識先德之遠瞻居處服食而思王澤之長何

莫非武周之繼述所留貽至今者歟則以禮之通於下者言之合我先王宗以大小非以前後本支用敵越矣凡屬黃農虞夏之裔建邦啟宇孰非帶礪之可念乎至於左右暨御僕在甲末德意周（栽抒處腰長右步）有遺焉況隆憲乞之大典而巡聽承風與歸養者且及遐方也令日者親貴列焉長幼侍焉而漠不加念其謂之何惟我武周收族而嚴瓜瓞之分輯瑞而別躬頒之等建官位事遙分鷺羽之光慈幼引年耆沾既醉之福是豈過為區別夫亦思明證美之思所積而發焉者也迄于今典禮缺矣而考其遺意猶可於賢親等殺而觀天下一家之隆小大協和而昭穆巾櫛內之象謂非武周之繼

辨勢

述所創垂至今者哉。是則有政制之文。無易道之寔。則春秋之比時具物者將假列祖于豳。徐配三后於在天。而豈其於豐程軌物之外。獨闢光華。因積致之意。為漸開之文。則宗廟之執事有恪者。且令七廟以觀德。綜萬夫以觀政。而豈其於岐陽鐘鼓之餘。別承世守。與繼述之見於祭祀者。又可進思矣。

舜劉繇洮周原

興酣落筆。直如水注出。却極細膩熨貼。作者亦不自知其技至斯也。沈東山

春秋修

經

春秋修其祖廟　一節　二名　喬永湜

制詳于時祭亦可見孝之達矣夫春秋時祭也而武周之法制獨詳有祖廟之修以至時食之薦非達孝者而能之乎且子孫之于祖宗本一氣以相承即一心以相通孝思之誠存于內者常有餘（意深真脈絡）斯法制之備見于外者無不足吾未見孝可通于天下而對我先王猶多缺畧之憾也武周何以善繼善述而為孝之達乎今夫孝子之心無時不存而祭祀之典必以時舉蓋祭不可數為其近于瀆亦不可疏為其鄰于怠也故四時之祭歷代之所不廢而武（以因而制見其經述來脈）周因定以為制而其意為備隆而其法為甚備時而春秋也則修

其祖廟焉夫黝堊丹漆宗廟之中亦何敢以一時之或褻者備我歩乎然無時敢慢者有司職守之常而同時加飾者孝孫精誠之（精而一緻典核耕評）思也念我先王而不復見矣仰瞻榱桷之巍然恍如先王之陟降庭（神情生色）止焉將薦牲贄幣以行事其中而可無更新之舉與其修之也非徒以然廟貌之輝煌以示潔而已矣而又陳其宗器焉乃訓求颺（八級）宗器之傳亦何敢以一時之或玩普忽其世守哉藏之廟中者所以垂祖宗之澤而列之神右者所以繫祖宗之心也思先王而莫（端炳捷懈列緻）觀矣觀法物之如新而先王之手澤依然為方奉雞彝能勿以獻（相生）于其前而顧念其所至適乎其陳之也雖僅如玩好之是供亦以

示守而已矣。至于裳衣，則春秋必設之。先王已毀其音容無貌已，不復為子孫習披衣裳于在笥，而可見者止有此物也，則雖設猶之不設也。然而猶愈于不設也。裳衣雖微，而先王之靈爽寔式繞之矣。思先王而不可見，于裳衣如見先王焉，設之而恍兮惚兮愾乎有見者，神以有所依，而如在心，以有所觸而愈懷也。至于時食，則春秋必薦之。先王之沒，其飲食嗜欲猶深孝子之想，以繼衷獻之供陳而已，不復起而食之也，則雖薦猶之不薦也，然而不能不薦也。時食雖微，而此心之怨觸與時而俱動矣。欲見先王而對與飲而不得，對時食如對先王焉，薦之而來格來饗，精誠可接者，心也。

時而常仰序亦同物而告處也此皆春秋之所有事也蓋惟其孝思之誠達于先王故其曲盡而不遺如此也即此不已可見其孝之德乎

題詞就班舉典禁要精而腴華而整　趙懸若

稍具詞中情餘簡外可與劉北固先生文頡頏並傳　黃于序

春秋修　啓

春秋修其　二節

歲覆安溪縣學一等四名　廖瑞蒲

因時制禮、上下洽矣、夫孝莫重于祭、時至而禮隆、上下有弗洽乎、嘗思聖人之心、與神通、鬼神之精、與人會、惟通也、故廟中修舉所体者微、惟會也、故祀事孔明、所聯者衆、蓋以人道事神、亦以神氣感人、此雖古昔所未有、而礼可意設、自知任而不善也、夫所謂善繼善述者、第曰瞻松楸而動念、君子以為未也、況徒齋祝好之僅存、衣冠之已虛、口澤之尚在、則雖極意脩物、而靈爽何憑、第曰撫爪趾而追懷、君子以為淺也、況徒合同異以享祀、統貴賢以課將、集少長以從事、則雖修列具文、而真情奚屬、武周知之矣、謂

其來無端

破除舊見、天風大下步

虛敝

我先王之靈爽遠矣而我今日一一條舉于祖廟中者先王之神所在皆先王之物所傳也以為先王之物人必疑之以為非先王（遺緊其字所以字由從道出）之物而化裁適宜即皆先王之物人皆信之矣謂我先王之蔭庇長矣而我今日一一歲薦之於宗廟中者先王之氣所通即先王之法所著也以為先王之法人或昧之以為非先王之法而融徹貫通即皆先王之法人默喻之矣是何也蓋武周之示能潔而示能守者祖廟宗器也思所御而思所嗜者裳衣時食也以我物祀（名儒）先王而先王往以其物祀先王而先王留留則親見其安之玩之親見其服之食之我觀于上而知其善有如此矣且武周之親乃

而貴貴賢賢，齊意具于禮與序爵序事也。幼幼而老老者，意具于旅酬與燕毛也。以所當然之法，奉先王而其意深，以所以然之法，奉先王而其義深深，則合一本之誼，而呼吸無不通，合萬國之歡，而志氣無不萃，我覲于下而知其善又如此矣。此非有達乎志事也。神明其中而上治祖宗，不寧先王之自治。不敢修陳設薦之閒，具有遠神，而履時增感，不閑籥豎之濡露。此非必拘乎志事也。推廣其量而下治子孫，不寧先王之自治子孫。故雖存遠下之際，可深長思而入廟覲光，不在駿奔之儀，抑此繼述之所以善而謂達孝也。

其味淡然。其思飄然。桂棹兮蘭檝。斷冰兮積雪。何圖塵境宣囂

有此清景。

於他人所艷陳者。撥過一層。專從題中虛字入解。攝下詩。愛合

上繼述。疎影橫斜。暗香浮動。王罕皆

就上節說云下文又以所制祭祀之禮。通乎上下者言之。則此

兩節。正是指出繼述之善也。於虛字咀咏得之。寔處更不用一

筆鋪張。此為文外獨絕。卯齋謙

春秋修　廖

春秋脩其 所親

三十二名 范曾輝

祀典通于上下於敬愛見繼述焉蓋先王所尊所親隱寄于春秋
宗廟之中脩誠祀典不可見武周敬愛之無不通乎嘗思帝王開
代首重明禋而隆明堂之制作無一非本寢門之絡衣是故上以
體其思成則高曾若接下以廣其錫類則族姓咸周而脉脉先德
于是乎異世同揆無餘憾焉今夫周道尊親親寔自文考顯其
謨而武周善繼善述即于祭祀盡其制不觀之春秋乎祖廟脩焉
冊樓其常新也宗祧陳焉圖球其燦列也裳衣設焉藻火粲然
也時食薦焉黍稷其維馨而牛羊其將享也蓋雨露

一筆貫五文是諸已秩然在語

丁卯科鄉試文趣

七廟以觀德則其展敬者深也不觀之宗廟乎序昭　洞麟
角之不淆也辨貴賤焉乘服車旂之各别也辨賢正，奉璋執幣之
攸分也逮賤而序齒焉幼子童孫之在列而黄髮台背之式崇也
蓋楨桷几筵之地聿萬國以合歡則其廣愛人者周也若此者鉅典（操頗有餘）
（有應）隆規原不同陵易侯封之舊而仁至義盡寡恭協於昭在上之心
彼所踐者猶是先王之位也所行者猶是先王之禮也所奏者猶
是先王之樂也而謂此敬之愛之有一非先王所尊所親者哉有
（而其字兩所半方）
部即室以來我祖宗之英爽在天者皆我先王視膳問安之名所
爲僾見而愾聞者也今者春秋告虔而圜寢動梧檐之慕嗜好求

飲食之宜敢曰能有加哉亦惟是南國蘋藻之典常動我以休

方悠見表二行史字

惕悽愴而烈祖神宗已無不薦之馨香也已八百會同而後戌午

孫臣庶之環列于下者皆我先王陟降左右之神所為俯臨而黙

鑒者也今者宗廟駿奔而同姓之譜牒日繁異姓之冠裳畢集詎

自朕有念哉夫亦惟是西土棫樸之思常啣我以咨嗟太息而普

天率土已無不祀之膏百也已盡纘承于祀聽形聲之先遹追于

收拾周密而完固

創制顯庸之後惟其時異而事殊愈見心同而理一武周真善繼

善述者哉

氣快如風心瑩若雪一筆揮掃鑾璧自成 朱自干

〔丁酉科鄉試文〕起　　　　　　　　　　　　　　　　　　　　　　　　　　　　　　　　　　　　　四十

整鍊從容。饒有精警之色。自是當行出色。修夫

入手領挈中流。提頓尾幅。結來數語。尤老厲絕。芽芭

春秋修其　一節　　九名　劉　慎

祭禮有通于上者、孝亦上極于無窮矣、夫春秋時易、孝子捴不忘也、為修為陳為設為薦、武周之制通于上者有如此、且武周創制顯庸、慮無非先揚前烈矣、然不就其根荄之地而詳考之、亦不足以見不匱之深思也、蓋一氣之遷適用致孝享、而四時之代謝每歷思成、則其盡制備物者、祇此孺慕之深衷、上及于無窮焉、何以見武周繼述之善也、仁孝之情與時而俱永、備霜露既更而明禋未舉、則人子之心寧無有難安者乎、列祖已遷不可以復見、惟歲時變易而對越恒殷、則在天之靈且庶無怨恫者、于維春與秋

入手有洗江處意

武周極不忘也于祖廟則修之焉七廟之制已改乎六陽之舊而
尤必時致其新蠲掃除之勤亦循其門內之職也且今我文考當
此事端纘　得繼志
寢寢門而侍晨昏應無殊此時之依戀升履之境已創于築宮
此先所尤必飾于發新之後孟豐爽之憑自勞極精嚴之制上且
鐘鼓先王尚在坐明堂而朝萬國應無殊此日之親臨于是有陳
但教和南來
于祖廟者則宗器也累朝之遺高曾傳之矣亦望子孫世守之奈
何令九鼎之側環領蕭然乎惟陳之而將享之議與之與陳則維
典出甚字藻深點潤　醒
移鐘簴于勝朝遷九鼎于洛邑而不以加此圖球也其宗器也一于
是有設于祖廟者則裳衣也在笥之藏曾經服御矣爽然氣依式

親之祭何令榱桷之間徒燦黼黻乎惟設之而誠慤之衷非同虛

饋○飲○勿○於○與○

設則雖後宮有事蠶繅六州盡供筐篚而不足以影此黼紱也其

裳衣也于是有薦于祖廟者則時食也籩香之異時存因之矣蔗

幾口澤或留之祭何令俎豆之旁斯物未發乎惟薦之而依慕之

懷與之俱薦則雖行葦儕深洞酌廣牲來自尉缺而不以為此明

緋取補○是春秋祭、義

馨也其時食也蓋氣類之中有神明之孔故祭太數則瀆于褻以

人用在前○者○此○錯○用○在○後○乎○起○由○二○出○項○配○成○篇○法○

春秋紀其節而趨蹌之餘儀如陟降斯心志皆為之一肅耶歟世

之遠寔一酬之傳故祭太踈則瀆于慢以春秋聯其情而對越之

時儀如定省斯瞻依亦快其非還此武周繼述之善工祭禮也通

戊午科墨短牘　中庸　劉

于土者也。
細剔提綴。下三句相承說去。俱以襯墊生色。以醒其字句中有眼。黄于學

春秋修　劉

春秋修其　時食　　　三名　劉元善

觀總述于春秋、有因時而備著其善者焉、夫時無已、心亦無已、備其典于廟中、而修之陳之設之薦之、者皆春秋時事也、不亦善乎、嘗謂時之為義、固王者所因以大茂對之懷也、而亦即所以發仁孝之情、蓋情以象告、故者彌見其新、情以景生、而昔如逢其故、則（因○情○生○大○）動于中之不自已、而月其制之無弗備、非達孝孰能嘗此而無憾乎、吾故于武周之善總述者、有深感焉、蓋我周忠厚開基之始、列祖功德積累之遺、時而春也、今日之陟降而敘列、非其舊、然而受遺業于先朝、自宜永孝思于奕禩、故怵惕之一於俱見其精詳之端于瞻依不忘之下一時而秋也前此營繕仰格幸者亦孔殷矣然威孝雖為之遞更而孝思常徹茲以匯故慎愴之懷即一秋而愈著其誠恪之忱于儼然如在之餘王格有廟而精神聚則建立之初非不備極焜煌之觀也而特以風雨之餘或致其觀在天之靈保無有恫怨時形者乎參之以時華衰為辭而居之者安焉則後人丹雘之施固不出前人朴斵之勤矣長子王寵而法守昭則什襲以藏非不時深珍重之心也而爵以天地之寶德威所措置之几筵庶足稍慰先王之志焉耳以時陳之世臨其守而玩之者樂焉則前人愛好之遺固益彰後人保護之功矣

而褻衣又不可以不設也浣濯之勤我先王常臨莅儉之度矣縫紝
（為設字原情）
後人何以想嗇容乎既繫于焉設之庶幾其澤〻可觀也今日
（中用不急以服蕝）
者山龍藻火雖其服已非當年之舊而授尸之時厥宜從初慨乎
闕而髲乎見其斯以為對越之悃誠者歟而時食又不可以不荐
（為荐字理根）
也稼穡之艱我先王不忘農事之勞凡[illegible]綿[illegible]而無以報德澤于萬
一于焉荐之庶幾執其馨香可鑒也今日者〻食萬方雖其味大
（用享祀豐潔意）
備水陸之珍而享獻之時更宜從豐籩俎備而禮奠勤其斯以為
追遠也必謹者歟精神志氣時〻與祖宗有默相感[illegible]之微茫一
辠念而罔非仁孝之端一日終身念〻于祖宗切欲[illegible]求能[illegible][illegible]機

戊子鄉墨菲度　中庸

故必因時而盡其美備之制。武周洵達孝矣。而況其心述也義也
又有可歷言者乎。

清機引觸。不欲以典縟擅長。而每股必有主句。依文麗質。綺有餘妍。貴于厚

春秋修　劉

〇〇〇春秋修其祖　一節　　劉輝祖

詳時祭之典而亦如其志與事焉夫春秋因時而祭而廟也器也衣也食也則亦志事之所在也修之陳之設之薦之豈非繼述之所寓哉今夫人之于親一堂聚處有以娛其性也有以被其體也有以養其口也而況于有天下者乎而況不得已而思以致之于祭乎雖然其以春秋者何也蓋養則以人道事之祭則以神道事之人則親一日不見則嫌于疎神則尊一時數見則隣于褻迎來送往因其變也而此心之悽然者彌甚焉一生之理接于所託之理格于幽明則所以則不必以時期而雖瀆不厭幽則遠遠則將必以時至而雖曠不忘

本朝科舉文行遠集　中庸　九十九　庚午

霜零露濡非待感也而此心之愀然者實有傷焉則一旋修其祖廟神

發出自然紀生

然無不之也而飄寓則安恐也亦猶人之於室焉耳而不于宮者別

之也于是乎朴者飾之蕪者除之缺者補之露者蓋之而凡春若秋

入其門則如有人門焉者行其庭則如有人庭焉者蓋一覩廟貌之

狀則時字上發盡而意不止

新而知其時又過矣則一在陳其宗器神則必有好也而棄置則悲

道也亦猶人之所需焉耳而以為宗者原之也于是乎若者在前若

者在後若者在左若者在右而凡春若秋亦猶人沒而不恐讀父之

書也亦猶毋沒而不能執毋之器也蓋一念摯燒之智而知其時況

忘矣則一在設其裳衣神則舊有衣也而雖敝不敢多也亦猶服也

繇斁焉耳而必于尸者似之也于是乎落之在笥是之在几覆之下
體被之上體而凡春若秋不知者以為此衣也非人也知之者以為
此人也非衣也蓋一瞻皇尸之起而知其時已久矣則一在薦其時
食神則猶求食也而得味則以馨也亦猶人之食新焉耳而因乎時
者思之也于是乎維其有矣惟其多矣惟其旨矣惟其嘉矣而凡春
若秋豈其不足于供而以非時者謂神其吐之也豈其不給于繼而
以過時者謂神不其饜也蓋一經物候之移而知其時歷歲矣武周
之時祭如此

清古之氣出以淋漓變化字字悱惻此為文生于情者也　醒齋先生

冕旒俱秀發。旋飾盡飛揚。吳生之圖五聖。所以動宮墻而推妙絕也。真情生態。亦使讀者瞻其秀發飛揚。何必君家彥齊。始能定為神逸。○祭義云。君子合諸天道。春禘秋嘗。鄭註云。因四時之變化。感時念親。則以此祭之。孔疏云。舉春秋。冬夏可知。原本洗刷春秋二字。有于四時之中。而行于二時等語。恐跟據未諦。故刪去。

春秋脩其 二節　潘思光

繇陳祀典有神道焉、道體之者矣、人脩之、夫祖祢

宗而春秋所舉則備人之也若彼廟之中秩在後人不待然翻

人意乎且言禮之家勅曰人道邇神道遠豈乎合濮大祥則以爲

後人寔顯事增華焉所知命降但廟之謂也義不撫時而顧養其

繇焉者不可紀也不盡制而緣類其淵焉者不可詳也盡於善繼

述之禮制緣焉當纘緒成德之時正廟饗孫保之會式責而

有矣何難極華侈以大崇報所疑者陟在庭而昭在上先王只

乎內而猶需服食器用也乎夫春露既濡蓋云愴也秋霜既降

以首二字貫下

窓稿　十五

窗稿

云構也人情則睠然□情千載屋社蘊朋衣服具珍

神也而忽之殄廢□□毫居也不雅之於都宮則所

玉府供王□□而祖之於几筵則陳司服典守之膳脩是會

重其依也而準之於守祧通之於遊湖則設几薦是則撫時□

神道而以人道體之有如此者駿奔而薦國矣豈不入廟而

見明所展者靡所趾而騰于飛先王不見後人而怨蒸其尊耳

旨而字罰

大也矜表宗以大小則有主也廟別與陟以本仁也當年施仁幾

哉亦惟款崇昭接官叙順少長習威儀非從人宗發焉是故左

陽右陰明父子也綴之序之而眾著于昭穆矣迎牲不迎尸明君

去

臣也。通乎班次，而衆著於賤矣。淮彼宴餕合族，以食重付恩優
高年也。合之于朝踐中之以飲福，而衆著于賢賢幼幼老老矣。是
明盡制錫類，後人而以前人形之有如此哉。

立筆如山，下字如鑄，不爲正始之音，遂軼王、唐之上。

春秋修其　二節

歲貢安溪縣學一等一名　潘思光

廟陳祀典有神道而人道體之者有後人而前人聯之者夫祖神矣而春秋所舉則猶人之也若彼宗廟之禮秩在後人不忘然前人意乎且言禮之家動曰人道邇神道遠豈乎合漠大祥則以爲後人寔踵事增華焉抑知命降祖廟之謂仁義不撫時而顧養其發焉者不可紀也不盡制而錫類其澳焉者不可詳也盡於善繼述者之禮制稽焉當纘緒成德之時正廟饗孫保之會式頁而九有矣何難極華修以大崇報所疑者陟在庭而昭在上先王已全乎神而猶需服食器用也乎夫春露既濡蓋云愴也秋霜既降蓋

（闡義理悠然）

（先王禮論之文之精華）

云怵也人情閒時舉事猶必葺墻屋完器用飭衣服具珍膳曾於
以首二字貫下爲古雅 叙次繁甚
神也而忽之是故重檐複廟壯皇居也而推之於都宮則修天府
玉府供玉玩也而施之于几筵則陳司服專官膳修不會昭文章
重玉食也而準之于守祧通之於籩俎則設且薦是則撫時顧養
神道而以人道體之有如此者駿奔而萬國矣豈不入廟中而觀
境內所異者麟有趾而鳳于飛先王不見後人而恐忝其尊畀小
以首四字
大也乎夫宗以小大明有主也廟則與祚以本仁也當年施仁發
貫下 對法
政亦惟敦宗盟按官叙順少長習威儀凡我後人寧數焉是故左
陽右陰明父子也綴之序立而衆著于昭穆矣迎牲行迎以明虔

臣也通乎班次。而衆著於貴賤矣。灌獻登餕。合族以食。重衬德優
高年也。合之于朝踐中之以飲福。而衆著于賢。了幼了老了矣。是
則盡制錫類。後人而以前人聯之。有如此者
立華如山。下字如鑄。不圖正始之音。逮轂正嘉而上。此真先
民準則。臺閣風規也。無此根柢。而作印板式。敖應制體。皆偽耳。
大雅久不作。斯人尚典型。不禁為之擊節。
高古典則。洗民是程。　儲六雅
嘗謂王錢經術之文。直匹韓碑柳雅。觀於此文。益信。　秦𫗴光

春秋脩其　所親　　九名　歐陽棫

脩洋祀典而愛敬之誼著矣蓋上治祖禰下治子孫臣庶武周之祀典一一詳之則其所尊所親不於此恪其愛敬乎且千百世之英爽至遠也同異姓之情誼至渙也遠者引而近務使之氣不隔〇卓〇榮於馨香涣者萃其羣亦使愚光遍洽於閭里雖興朝制度逈異常規而闢國典章丕承先志也武周繼述之善於何見之也尊〇得〇文〇之〇孝〇愛〇先〇椒〇在〇前〇所〇謂〇争〇光〇者〇也〇華〇赤〇軒〇李〇記〇長親親周道之所以隆也而雖宮廟之年蘋蘩味淡而七廟無大享之合棫樸歌壽考而萬國隅耳歡之忱繼我文王敬愛有〇所〇以〇受〇錫〇述〇事矣而合敬同愛則有志未逮也武周其何以處此繼春秋五

廟之易而七矣天球河圖之傳猶存故府宗皇尸載□而霜露

此乃地○邑○着○屋○歩○修○限○設○祥○□○臣○後○遐○点○□○錆○蜀○

○斂○太○四巡淨人○怵○我○開○之○法○

濡時物更嚐口澤之感焉蓋自丁未登祀而綏予孝子於以因時展奉先之忱入而宗廟子姓以次而列矣躬祼薦設以埜司爨巳典也執事有恪而子肖孫賢寢室更伸台背之歡焉蓋自武成大

○典皆○游○湯○華○□○歌○舞○禱○

告而有道曾孫於以廟中開境內之象當此時也天子主鬯位而

○之○如○重○揆○翠○卜……朱○□……

家相秉圭以贊礼則九獻樂則九成册薦脩也琬琰陳也彖繅設而秬秠薦也面左面右者昭穆位東位西者列爵賢者無貽羞於隕越而賤者有事為榮也皤皤黃髮偹言燕私也洞洞乎其敬也屬屬乎其愛也此豈以一巳之德意報我先王而撫爾子孫臣作

哉武周于此正為先王推其尊焉正為先王廣其親焉有卹肇室以来粒烝民而肇王迹後人纘緒造之業而享祀有缺西京之霜○精○深○文○露所由抱歉于岐山也我惟時其致敬焉土氣升聞直徹乎厥初○爵○生民之始則毋謂今日之更張舊典也小子有高曾而皇考乃以有嚴父敢或褻越于春秋駿奔在廟之會旌振振而雍雝雝前人隆怙冒之恩而親賢畢集南國之鼓鐘所由不墜于豐鎬也我惟時其致愛焉懇誼明美直達乎本支百世之外則毋謂今日之光耀新猷也臣庶有君父而皇考乃以本子孫敢或解易于宗廟尊○到○底○卑○鍊○親一本先代而祖德輝煌周通上下敬愛準自時王以天家報享

永協神人夫是之謂繼述夫是之謂達孝。鑄局有向背運華有疎密不屑屑尋常蹊徑而亦不偭乎規矩。此為能手味也

鍾嶸品陳思王詩云骨氣奇高詞彩華茂情兼雅怨體被文質粲溢今古卓爾不群吾于斯文亦云 守器

春秋脩其　所親　　戴文熾

抵宗前尾一篇之局

春秋孝享周道之尊親也、蓋祭無不敬、凡與祭者無不愛、春秋舉之尊、而親、、此道得也。武且武周繼述之善成德纘緒而外莫隆於祭祀渙而萃之假有廟臨而觀之利用賓周道尊親由来舊已原夫鬼分新故鼎現睍而邀陟降呼吸匯之于一氣數十世祖功宗德靈爽何固式憑孝子慈孫合散撫時明德薦馨香所為深欲疏亦不欲數若乃民自古先由本支以及周情文匯遝夫十倫千百國鸞嘡鷺飛燕笑何由譽處駿奔顯相厂　付典渫威薄慈惠怔至勝則離或勝則流此曰尊曰親於穆清矣　禮所由隆

秋漳

秋潭

也時紛紛看矣而露既濡尊呈於昭悽愴之心忽解秋而霜露
既降尊原反始怵惕之意彌深修而陳之設而將哉享而
幾僾乎若見愾乎若聞云耳春秋來享吁嗟乎感親同胞也收族
之情難已春秋來王亦白其馬親異姓也作人之化寧忘序而辨
之辨而逮之而序之爾公爾侯亦猶內官九嬪外官九職焉耳若
此者創制顯肅雝廟貌祖賓宗祊為穆穆為皇皇似一新天下之
耳目熏姓改物履位彰禮明樂備而蹌蹌而濟濟洮漫誇昭代之
文章一則備物以致敬焉夫視于無形聽于無聲寢門不問膳也
哉曾杯棬之未冷而玉瓚糜黃流也其所尊有祖廟其所尊有宗

謳其所尊有裳衣其所尊有時食豐賓遺遇之欲而春秋同撰歟可通二則異文而廣愛焉夫曰有疏附曰有先後文王不以寵焉哉曾日月之幾何而隰苓蔦茂草也其所親有羣昭羣穆其所親有貴爵其所親有賢　其所親有旅酬幼幼燕毛老老合萬國之懽而春秋舉行儀文佳憾上治祖禰下治子孫臣庶格淘明俾神人胥悅藹然仁孝之衆琴瑟奏朱絃金奏肆夏契渠伸洞蠲觀上示泰交早必世年之卜春秋以時祭尊尊而親親不可觀向道哉乃志事無窮繼述之精微猶有進也

按部就班不凌躐亦無遺漏說理皆雲開霧豁也　合珠

秋渾

聯菁養氣之功盎然洋溢此稍點詩卜璜

春秋

春秋修其祖　二節　　儲掄

○○觀聖孝於祭而禮隆於上下矣夫祭大典也合春秋與宗廟觀之而皆無不盡之志無不備之事其繼述何善乎今夫先王既往後人雖欲繼述為而若慮其無從然當年孝子仁人之意亦期無憾乎吾身以上與吾身以下斯已也為之後者誠能使祖孫有若相接之誠觀殊無不扑及之隱則所以告無憾乎先王者一入廟而大可見已矣周繼述之善吾將於祭觀之操制作之權不難合七廟以光祖德而必欲使居處服食一一慊其妥侑之心則非易神道而修人道不敢安矣居右序之位何難合萬國以報宗功而必欲使伯叔甥舅一一

慰其君父之感則非肅以分而聯以情不能已矣吾一徵之春秋令

方言哀而已歎

日月之逝而嗟風物之遷我不見則祖已幾何時其忽將享之思也

夫列祖遠矣今即感春露而告處履秋霜而惕志音容可復睹乎然

向

前人亦創是人情耳人情得一賢子孫能丹艧乃室則樂之世守

從去事諸想

器則樂之覩其劍佩得其嗜好則樂之此意子小子不忍一日置也

寧於春秋有戒鉄也是故祖廟修焉宗器陳焉裳衣設時食薦焉當

斯時也對園寢而動衣冠之慕撫梧檟而深飲食之悲所為易神道

而修人道者如此一徵之宗廟修大祫之儀以昭世德之報凡我同

異姓罔不咸為其敢傾越乃典也夫同異姓而既集矣非於我有林

支之訴即有夾輔之勳勢分何多遠乎然今日亦共事我先王耳先
王之顧玆多士見夫世系有斧則樂之賓賓賢賢有紀則樂之父老（愷乎如龍欣乎如見）
子弟有賜則樂之此意予小子未嘗一念置也豈於宗廟有或忝也
於以序昭穆焉辨貴辨賢焉逮賤序齒焉當斯際也嫡宗感曾孫之
尊臣工識體統之嚴所爲肅以分而聯以情者如此吾於此合觀之（時藝恰淡滿錢相仍二股互形亦是勢後）
而更得其意焉奉明禋於太廟亦必纘堂構之模隆服物之獻將思
嘗之誠而獨於春秋有加詳者蓋視在天陟降之神無異旦暮溫凊
之事故不以一歲數行而疑其情之褻修灌獻於四時亦必嚴對越
之班愼宗祝之齊篤少長之恩而必於宗廟有倍凜者支庶繁而思

不加隆則情易渙冠裳衆而辨不加嚴則分易淆故當夫數載一朞而愈見其制之周於此可以知武周繼述之善矣

舉典摛詞人矜博洽此獨掃除一切上跟繼志述事下點發其所尊愛滇所覩識解既真情文亦復絶世盒理至者情至理至情亦一者文必至也　儲同人

死色不澤何取塗塈故妙在有情

春秋修　儲

春秋

藍綿琛

聖人之孝思有與歲序俱行者焉夫春秋亦序之常耳而武周以為此孝子事親之期也是可以觀孝矣蓋聞人子之事其父母也與天罔極當其生也永朝永夕皆承歡之景也為寤為寐皆有懷之日也而及其死也靡日靡月皆哀痛之年也或寒或暑皆思慕之天也是故孝子意無推移而深情偏在歲序夫自祖宗以逮今日不知閱幾春秋矣日月如故耳風景如故耳而今之藹然者與春遇耳肅然者與秋遇耳其生者之春秋耳死者之春秋耳由昔視今今日不及見之春秋即昔日未死之春秋由今思昔昔日之春秋誰留之而今日

篇中直將此二語推勘到底

之春秋誰寧之睹發榮而知春睹剝落而知秋春木方新秋水絪緲而孝子心中之水木獨寄悽愴於感觸陽和未幾而春已及秋肅殺方盡而秋又復春々露自降秋霜自零而孝子一心之霜露倍增隕浮於見聞天閱序而成歲人閱歲而成代稍不留情而春秋將不復記憶親則與歲俱去（至情語）思則與序偕來恨不及養而春秋正無窮期至情不置將圖報乎千秋乘懷靡極姑酬恩於四序而武周之制用是起矣

注眼在下事死如事生句詩得入情入理令人悽然不堪多讀至文也

春秋修其　一節　　蕭蓮芳

盡誠者備乎物、于時祭見繼述之善焉、蓋春秋不一祭、而物欲其備也、修與陳焉、設與薦焉、亦善繼述焉耳、中庸引子言曰夫人極天下之物。而思致吾先焉分有所限。則心愴然也。獨是物為可致矣。而孝子之愴然者猶覺感時而與深。何也。蓋其心之固結而不能已者。無時不存之。乃于其先是逮焉。始于其物而委曲求詳焉。而後我之心于是一慰。則武周繼述之事、莫先于祀先已。蕭周自后稷。眾祖功宗。德廟常與鼎彝並垂焉。子生也晚。不獲覩鞞琫容刀以。而見朋酒羔羊之樂。心竊傷之。謂不若先王之親見之也。乃轉而思焉。乎實觀見先王而知其所親見者也。即今寒暑迭易。時序移矣。春露秋霜之

○從○先○下祖○考○

○說○來○方○合○達○孝○本○旨

歷科元墨

康熙丙子浙續　　森寶軒訂

感先王何如乎[illegible]於乎何如乎故時能順天而運行春由其舊即出
其新人思報本而備物者守其常亦革其故春秋之際煌煌乎典則
隆哉夫有邰肇祀周原作寢先公之廟屢移矣迄于今也鎬是宅七
廟何尊寧武周意哉俾鳩工焉以格神保也壯聲靈也修之春秋間
煥然改觀矣由是廟之內有受言藏之者宗器是也孝子之事先也
見其一物一制不禁怵然而鄭重焉以思居處之文（帶祖廟器宗器）廟則祖而器則
宗示所傳也用是豆登之間畢為陳焉識念夫此宗器也自郊及岐（古雅）
幾為播遷誰實為之而將此也則春秋間觀物興懷矣然而手澤若
在而裳衣則什襲焉是重玩好而輕服御也其漠中有隱痛者矣或
為衮冕欤是當日所上祀者或為警蔽欤又先公所留遺者設之而

春秋間授了以御見先公之能謹侯度以貽翼子焉耳若夫廣壯一
廣繼以辰蔦之屬春秋各有宜焉無容紊也夫廣民之家瓜苴樗薁
尚有撫時物而念其先者況武周王食萬國尤有前人所[illegible]及薦者
乎薦焉不敢違乎時也冀以嘗其旨也若是者固備物乎盡制乎而
武周悽愴之懷所固結而難解者實自春徂秋無時忘也而先王歟
尊之志與事成矣

起處人多空說春秋二字此獨籠下四句意逆入極為得法筆意
亦自不膚　吳荊山
粘定先王發論見得先王之事祖考如此故吾亦嘗春秋云云最
合善繼善述本旨通體以疎古筆意寫照不作整齊排比段段點

歷科元墨

摘春秋眼目○尤見格老法精○情文並美○

春秋修　　蕭

春服既成

沈渠

服亦名春。稱其服矣。夫在春言春。則服亦春服。亦既成矣。時哉時哉。詩云不稱哉。今夫得游夫子之門。非先王之法言不言者。非先王之法服不服。然亦有與時合序者矣。豈規規乎守一而不變也乎。今丁時乎。其維莫之春乎。設此時而猶冬裘焉。則不及而煩矣。夏葛焉。又過而衰矣。過與不及。倍時也。倍時者何以對時。設此時而褻裘是戀此於陰矣。縐絺是蒙。此於陽矣。毘陰毘陽。違天也。違天者豈能樂天不本於謂春服乎。於焉成之。凡人之服。非樸則華。吾既無心於華而亦何心於樸。遇莫春則春服焉已耳。但取其能適體。俾方不在章身

提暮春字本題面

以藝以暇覺天地四時之氣皆備於躬（恰有四而雲氣象）服之底也亦既範圍不過矣抑人之服非奢則儉吾固未嘗好奢初亦未嘗好儉在莫春亦春服爲己耳既獲乎身之安即得乎用之利進退從容覺宇宙太和之象附在吾身服之成也亦隨時措之宜矣服亦有貴賤之別服而眷非貴也而亦非賤（此語皆見）蓋有超貴賤之外者矣開霽明豁之中相爲權與不覺奢袖而低昂也哉服亦有榮辱之分服而春無辱也而亦無榮豈有不涉于榮辱之境者矣絪縕化醇之內與爲融洽不亦子衣之安吉也哉（名用修板整合）蓋我身原與上下同流而相爲一體散其服亦與中和合德暢於四支春服既成可以適吾志矣

徃徃說聖人甲棄事所以為狂若他家所言則晋人之狂也又曾晳進取須於言外得之註中極解得分明王文恪作莫春者一段文題面只隨分淡淡寫去直留在末結發見此斟酌至當也不然其言不讓殆有甚于率爾矣

春服既 沈沈

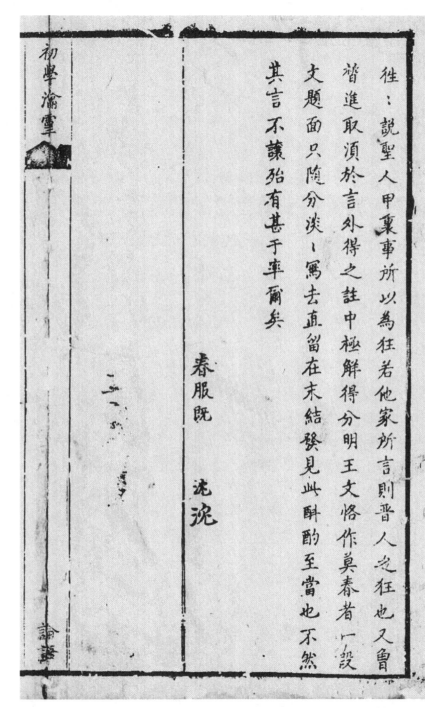